CONTES TRADUITS DE L'ANGLOIS.

SECONDE PARTIE.

A LONDRES;

Et se trouve à Paris,

Chez { La Veuve DUCHESNE, rue Saint Jacques, au Temple du Goût;
MÉRIGOT le jeune, Quai des Augustins, au coin de la rue Pavée;
ESPRIT, au Palais Royal.

M. DCC. LXXIV.

TABLE

De ce qui eſt contenu dans la ſeconde Partie.

Fin de la Table de la ſeconde Partie.

CONTES,

TRADUITS DE L'ANGLOIS.

LES MARTYRS *DE LA DISSIMULATION.*

SI quelque Moraliſte reclus, méditant dans ſon Cloître, ſuppoſoit que l'infamie eſt toujours proportionnée au crime, on ne s'en étonneroit pas. Mais un homme qui connoît le monde, & qui met les découvertes de l'expérience à la place des inductions du raiſonnement, prouve que le bon Solitaire ſeroit dans l'erreur.

On convient généralement que le menſonge eſt moins criminel que l'adultere ; cependant on y attache plus de déshonneur & de mépris. Car tel qui pafferoit doucement condamnation fur l'imputation d'ufer de la femme d'autrui, ou qui la recevroit comme un compliment, fe reffentiroit hautement de celle de menfonge, comme d'un affront qui ne peut être lavé que dans le fang. C'eft ainfi que les hommes fe laiffent mener les yeux bandés par la coutume, qui eft l'ouvrage de leur propre extravagance, & que, frappés de la lueur trompeufe des bluettes que la compreffion du bandeau fait fortir de leurs yeux, ils croient follement voir le foleil.

Quoique les autres vices ne foient pas auffi déshonorants qu'ils devroient l'être, il faut avouer que le menfonge mérite bien l'infamie qui le fuit. Parmi les actions qui dégradent l'homme, & qui défigurent fon caractere moral, il y en a qui annoncent quelque fupériorité naturelle. Le menfonge, au contraire, emporte toujours de la foibleffe & de la lâcheté. Mais il n'y a point de mensonge qui renferme tant de turpitude & de bassesse, que ces manieres de parler qui trompent, sans contenir une fausseté directe. Comme elles demandent plus d'invention & de tournure, elles supposent une délibération plus réfléchie. Ceux qui les emploient pervertissent l'usage de la parole ; leurs discours sont des especes d'énigmes proposées à mauvais dessein ; & comme ils imitent le sphinx, il n'y auroit pas grand mal qu'ils eussent le même sort que ce monstre, quand on les devine.

Ces mensonges indirects détruisent, plus que tout autre, la confiance mutuelle qui est le véritable lien de la société. Comme on ne craint pas qu'ils soient découverts, on y a plus souvent recours. L'homme droit & vertueux ne s'en méfie point ; &, par un triste renversement, la bonne-foi, qui est le fondement de l'autorité de tous les témoignages humains, est cause que les plus véridiques ne sont pas toujours crus, parce que nous savons qu'ils

Dès qu'elles furent retournées de la Pension chez leurs parents, un Capitaine appellé Freeman, qui joignoit un petit patrimoine à sa Commission dans les Gardes, adressa ses vœux à Charlotte & lui plut. Mais il fut congédié, parce qu'on espéroit un parti plus avantageux pour elle ; & on la pria elle-même de n'y plus penser. Ils se soumirent après une résistance inutile ; mais le mécontentement de l'un & de l'autre étoit si visible, qu'on jugea à propos d'éloigner Miss Charlotte. On l'envoya chez sa tante Meadows qui vivoit retirée avec sa fille dans un bien de campagne qu'elle tenoit de sa famille, & qui étoit à plus de cent milles de la Capitale. Elle avoit gémi dans cet exil depuis le mois d'Avril jusqu'au mois d'Août, lorsqu'elle eut la surprise de voir arriver son pere qui amenoit avec lui Sir James Forrest, jeune Gentilhomme qui venoit de succéder au titre de Baronnet & à de grands biens dans la même Comté. Sir James avoit du bon-sens & un bon naturel ;

étoit agréable de ſa perſonne, & d'un abord prévenant. Miſs Charlotte goûta inſenſiblement ſa compagnie. Si ce n'étoit pas un nouvel objet pour ſon inclination, c'en étoit un pour ſa vanité. Le deſir de ſortir de la dépendance & de l'obſcurité avoit abſorbé tous les autres ; & il n'eſt pas étonnant que, pour le ſatisfaire, elle ſe ſoit rendue, au bout de quelques ſemaines, aux ſollicitations de ſes amis & de ſon amant, qui la preſſoient de changer ſon état contre celui d'une Dame de qualité. Le mariage fait, ils reſterent à la campagne juſqu'au mois d'Octobre, & revinrent à Londres avec Miſs Meadows, à laquelle notre jeune Lady s'étoit liée d'une amitié fort étroite. Ils avoient obtenu de la tante la permiſſion de l'emmener, pour lui procurer les divertiſſemens de la Ville pendant l'hyver.

Le Capitaine Freeman ayant appris que Charlotte étoit mariée, fit auſſitôt des propoſitions à Marie qu'il connoiſſoit pour l'avoir vue ſouvent chez ſon amie, & ne tarda pas à l'épouſer.

Il ſembloit que le mariage n'eût fait qu'accroître l'amitié des deux jeunes Dames. Elles étoient toujours des mêmes parties dans les amuſemens de la ſaiſon, & ſe rendoient mutuellement de fréquentes viſites ſans apprêt & ſans cérémonie.

Mais ni Sir James, ni Madame Freeman ne pouvoient réfléchir ſans inquiétude ſur tant d'entrevues que cette familiarité & cette confiance produiſoient entre deux amans que la force ſeule avoit empêchés de s'unir ; & quoiqu'ils fuſſent témoins eux-mêmes de ce qui s'y paſſoit, Sir James ne laiſſa pas de devenir inſenſiblement jaloux de ſa femme, & Madame Freeman jalouſe de ſon mari.

Au mois de Mai ſuivant, Sir James partit pour l'élection d'un Membre du Parlement dans la Comté, à environ dix milles de Londres, d'où il n'étoit attendu que le lendemain. Sa femme fut l'après-dîner chez Madame Freeman. La compagnie qu'elle y trouva ſe retira de bonne heure. Le Capitaine étoit de garde, & Sir James abſent de la Ville. Nos deux Dames firent un piquet après ſouper, & le jeu les mena, ſans qu'elles y ſongeâſſent, juſqu'à trois heures du matin. Mylady Forreſt vouloit s'en retourner chez elle ; mais Madame Freeman, pour cacher peut-être ſes véritables ſentimens, la preſſa ſi fort de reſter juſqu'au retour du Capitaine, qu'à la fin elle y conſentit.

Le Capitaine revint ſur les cinq heures, & Mylady Forreſt envoya auſſi-tôt chercher une chaiſe-à-porteurs. Il n'y en avoit point ſur la place : on amena un carroſſe. Le Capitaine offrit de l'accompagner juſqu'à ſa maiſon, ce qu'elle refuſa d'abord avec aſſez de vivacité. Il eſt vraiſemblable qu'elle ne trouva ſes offres déplacées, que parce qu'il ne lui étoit pas encore auſſi indifférent qu'elle l'auroit ſouhaité. (*Premiere diſſimulation.*) Mais cette raiſon, toute puiſſante qu'elle étoit, ne pouvant être miſe au jour, le Capitaine insista & l'emporta. Par cette politesse à contretemps, il jetta Mylady Forrest dans la confusion, & déplut à sa femme. Celle-ci ne pouvoit s'opposer honnêtement au projet de son mari; mais, de peur qu'on ne s'apperçût de son chagrin, elle affecta une indifférence qui, en quelque sorte, la vengeoit. (2e *dissimulation.*) Elle pria son mari de ne point la réveiller quand il rentreroit, disant qu'elle alloit se mettre au lit, & ajoutant, avec un assoupissement de commande, qu'elle dormoit déjà plus qu'à demi.

Il étoit environ cinq heures & demie lorsqu'ils monterent en voiture. Il falloit passer par le Parc de St. James: le temps étoit admirable. Mylady Forrest, qui ne sentoit pas la moindre envie de dormir, ne put s'empêcher de dire qu'elle aimeroit mieux se promener dans le Parc, que d'aller se coucher. Le Capitaine embrassa chaudement cette idée, & proposa de descendre à la porte de St. James. Les mêmes raiſons que Mylady avoit eues pour ne pas aller ſeule avec lui dans une voiture, s'oppoſoient à ce qu'on la vît ſeule avec lui dans le Mail. Pour ſe tirer d'affaire, elle propoſa de paſſer chez ſon pere, & de prendre ſa couſine Meadows qui étoit fort matinale, ce qui fut exécuté. Par malheur la couſine étoit indiſpoſée d'un rhume. Lorſqu'elle eut ſu de Mylady la raiſon qui l'amenoit ſi matin, elle la pria de renoncer à ſon projet de promenade, de reſter juſqu'à ce que la famille fût levée, & de ne s'en aller qu'après le déjeûner. Je ſuis déterminée à me promener, répondit Mylady Forreſt; mais il faut que je me débarraſſe auparavant du Capitaine Freeman. (3e *diſſimulation.*) Je vais lui faire dire que je reſte.

Le Capitaine, ainſi congédié, renvoya le carroſſe; mais piqué de la conduite de ſa femme, & ſentant ces renouvellemens d'eſprits que le matin remet en mouvement dans ceux même qui n'ont pas dormi de la nuit, il ne ſe foucia point de retourner chez lui, & préféra d'aller jouir feul de la belle matinée dans le Parc.

Mylady Forreft, qui fe flattoit d'en être délivrée, l'y fuivit bientôt fans le favoir.

Il avoit déjà gagné le haut du Mail, lorfque, retournant fur fes pas, il la rencontra, avant qu'elle eût paffé le Palais, de cent toifes. Au moment qu'elle l'apperçut, le fouvenir de ce qu'elle lui avoit fait dire à la porte de fa coufine, les motifs qui l'y avoient engagée, fa fauffeté découverte, le fâcheux contre-temps qui la replaçoit dans le tête-à-tête qu'elle avoit tant de raifons d'éviter, tout concouroit à la jetter dans un défordre qu'il devoit être impoffible de cacher. Néanmoins l'orgueil & la crainte de manquer à ce qu'on appelle favoir-vivre ou bon-ton, firent taire la vérité, la prudence & même la honte. Elle auroit été encore au défefpoir que le Capitaine eût le moindre foupçon de l'intention qu'elle avoit eue de le fuir. C'eft pourquoi, faiſant ſur elle-même un effort héroïque, (4e *diſſimulation & menſonge.*) elle prit un air de gaieté pour lui dire qu'elle étoit bien-aiſe de le revoir, qu'elle avoit changé d'avis, depuis qu'il étoit parti; ſur quoi elle badina de l'humeur inconſtante des femmes & de la ſienne propre, qui changeoit trop ſouvent, diſoit-elle, pour être jamais une folle décidée. Après cela, il n'y eut plus de moyen de reculer, & on ſe promena juſqu'à huit ou neuf heures. Mais les nuages s'étant amaſſés, ils furent ſurpris d'un orage juſtement à Spring-Garden. Au-lieu de rentrer, ils ſortirent: le Capitaine la mit dans une chaiſe-à-porteurs, & ils ſe ſéparerent.

Sir James, contre ſon projet, étoit revenu le ſoir. Il apprit de ſes gens, que ſa femme étoit allée chez le Capitaine, & trouva mauvais qu'elle eût pris, pour cette viſite, le temps de ſon abſence: circonſtance qui en elle-même, n'étoit rien, mais qui, groſſie par le microſcope de la jalouſie, devenoit considérable. Cependant la réflexion lui montroit qu'il avoit tort de s'inquiéter, puisque la présence de la femme du Capitaine mettoit suffisamment l'honneur de la sienne à couvert. Mais il avoit beau combattre ses soupçons, ils se multiplioient & se fortifioient à mesure que la nuit s'avançoit. A une heure il se coucha ; mais il passa la nuit dans les plus terribles agitations de l'inquiétude & du ressentiment, incertain si l'absence de sa femme étoit une suite de quelque accident, ou un fait prémédité ; prêtant l'oreille au moindre bruit, & s'égarant dans toutes sortes de suppositions extravagantes. Il se leva au point du jour, & après avoir passé des heures entieres dans l'irrésolution sur le parti qu'il prendroit, ou d'attendre l'évènement, ou d'aller aux enquêtes, il perdit à la fin patience, & sortit pour aller chez le Capitaine, (*mensonge.*) disant à ses domestiques, qu'il alloit au Café voisin.

Madame Freeman qui, par son indifférence affectée & sa dissimulation, étoit la vraie cause qui avoit empêché son mari de revenir, avoit souffert de son côté un tourment inexprimable. Bien-loin de dormir, elle ne put seulement pas se coucher. Elle se promena en long & en large dans sa chambre, déchirée par la jalousie & l'incertitude, jusqu'à ce qu'on lui annonçât que Sir James étoit en bas, & qu'il souhaitoit de la voir. Lorsqu'elle fut descendue, la jalousie de Sir James, qui s'apperçut qu'elle avoit pleuré, fit place à des sentimens plus humains. Il crut qu'il étoit arrivé quelque malheur à sa femme. Il fut bientôt détrompé, en apprenant qu'elle étoit partie à cinq heures avec le Capitaine, & que celui-ci n'étoit pas encore rentré. Madame Freeman comprit, par les discours de Sir James, que sa femme n'étoit pas rentrée non plus, ce qui redoubla ses allarmes. Quoiqu'elle fît son possible pour les cacher, dans l'appréhension que les deux maris ne se battissent en duel, ſa jalouſie fournit un nouveau motif à celle de Sir James qui, malgré cet état violent, réſolut d'attendre le plus décemment qu'il pourroit juſqu'au retour du Capitaine. Peut-être n'y eut-il jamais deux perſonnes plus embarraſſées l'une de l'autre, que Madame Freeman & lui. Cependant ils virent arriver, avec un égal chagrin, le Docteur Pratle, qui fut annoncé & introduit en même temps, lorſqu'on préparoit le déjeûner. Ce Docteur, grand parleur de ſon naturel, étoit venu à bout de paſſer pour un homme fort jovial & fort divertiſſant. Il vit que Madame Freeman n'étoit point gaie, & fit inutilement divers efforts pour l'égayer. A la fin, prenant un air d'importance ironique : « Savez-» vous, dit-il, Madame, que je ſuis » en état de vous donner des nouvelles » capables de juſtifier votre ſérieux ? » Le Capitaine, pourſuivit-il, vient » d'embarquer tout-à-l'heure une Dame » dans une chaiſe-à-porteurs à la porte » d'un Baigneur, près de Spring-

» Garden ». Comme il s'apperçut que ce propos avoit fait des impreſſions fort différentes de celles qu'il prétendoit ; pour y mettre le correctif, il ajouta « qu'elle ne devoit point être » jalouſe ; que, malgré le ton & la » maniere dont il avoit rapporté le » fait, la Dame étoit certainement » une femme comme il faut, & qu'il » l'avoit connue pour telle à ſon air » & à ſon maintien ». Cette particularité ne fit qu'accroître le ſoupçon qu'il vouloit écarter. Malheureux dans ſon récit, & trouvant qu'il n'étoit pas ſi bonne compagnie qu'à l'ordidinaire, il leva le ſiége & s'en alla. Mais à la porte, il fut rencontré par le Capitaine qui le fit rentrer. Quoique ce fût un homme à-peu-près ſans conſéquence, ſa préſence ne laiſſa pas de contenir un peu les intéreſſés. Sir James demanda au Capitaine, du ton le plus enjoué qu'il put, ce qu'il avoit fait de ſa femme. Le Capitaine répondit, en héſitant, qu'il l'avoit laiſſée le matin chez ſon pere, qu'il devoit la remener jusques chez elle, mais qu'elle lui avoit envoyé dire que sa cousine Meadows étoit malade, & qu'elle y restoit à déjeûner. Comme il ne savoit rien de l'anecdote racontée par le Docteur, il crut agir prudemment en cachant ainsi une partie de la vérité. (5e *dissimulation.*) Il supposa que Sir James ne manqueroit pas d'aller aussi-tôt chez le pere de sa femme pour s'informer d'elle, que là il apprendroit qu'elle n'y étoit pas restée à déjeûner; mais que, comme il ne s'ensuivoit pas de-là qu'ils se fussent retrouvés depuis, Mylady Forrest s'arrangeroit, pour cette lacune, comme elle jugeroit à propos; que ce qu'il avoit caché, elle le cacheroît, sans doute aussi, par la même raison, & qu'au cas qu'elle n'en fît pas de mystere, il en feroit quitte, au pis-aller, pour répondre qu'il n'avoit pas menti, & que c'étoit pour s'amuser qu'il n'avoit pas tout dit.

Sir James prit congé là-dessus avec une apparence de satisfaction, & il fut suivi par le Docteur.

Dès que Madame Freeman & le Capitaine furent ſeuls, elle lui fit des queſtions fort empreſſées ſur la Dame qu'on lui avoit vu mettre dans une chaiſe-à-porteurs. A cette découverte, il trembla que Mylady Forreſt n'augmentât les ſoupçons de ſon mari, en cherchant à lui dérober la connoiſſance d'une choſe qu'il apprendroit par les recherches qu'il alloit faire. Il ſe blâma lui-même; &, tant pour tranquilliſer l'eſprit de ſa femme, que pour l'engager à le ſeconder, il lui dit ce qui étoit arrivé, & combien il en craignoit les ſuites. Il la preſſa d'aller droit chez Miſs Meadows qui lui confirmeroit ce qu'il venoit de lui rapporter, & qui pourroit lui donner des nouvelles poſtérieures de Sir James; d'imaginer quelque moyen d'inſtruire Mylady Forreſt du danger où elle étoit, & de lui recommander de ne rien céler.

Madame Freeman fut convaincue de la ſincérité du Capitaine, non-ſeulement par les inſtances qu'il lui faiſoit d'écrire à Mylady Forreſt, mais par la teneur même de l'hiſtoire, dont les circonſtances étoient naturelles, & par la maniere dont elle le voyoit affecté. Sa jalouſie ſe convertit en mouvement de compaſſion pour ſon amie, & de crainte pour ſon mari. Elle courut chez Miſs Meadows, où elle apprit que Sir James y avoit demandé des nouvelles de ſa femme aux domeſtiques, & avoit ſu d'eux qu'elle y étoit venue de bonne heure avec le Capitaine, & qu'elle n'avoit pas tardé à le ſuivre, après qu'il en étoit parti. Elle informa Miſs Meadows de tout ce qui s'étoit paſſé, & croyant que Sir James pouvoit n'être pas encore de retour chez lui, elle écrivit à ſa femme la lettre ſuivante :

« Ma chere Lady Forreſt,

» Je ſuis dans les plus grandes peines
» par rapport à vous. Sir James a des
» ſoupçons dont mon indiſcrétion eſt
» la cauſe, & que la vérité ſeule

» peut détruire. Si je n'avois pas caché » le desir que j'avois de revoir bientôt » mon mari, vous seriez venue à bout » de vous débarrasser de lui, comme » je fais de Miss Meadows que vous » en aviez envie. Sir James a déjeûné » chez moi; de-là il s'est transporté » chez votre pere, d'où je vous écris. » Il sait que vous n'y avez demeuré » que fort peu de temps, & a des rai- » sons de croire que le Capitaine vous » a mise quelques heures après dans » une chaise-à-porteurs à Spring-Gar- » den. J'espere que cette lettre vous » parviendra assez-tôt pour que vous » ne déguisiez rien. Il eût mieux valu » que Sir James ignorât tout, parce » qu'il ne vous auroit pas suspectée; » mais à présent il faut qu'il sache » tout, pour que vous soyez justifiée. » Je suis, &c.

» *P. S.* (*mensonge.*) J'ai donné ordre » au porteur de dire qu'il vient de la » part de Madame Bonnet, Marchande » de Modes ».

On prit en effet cette précaution,

de peur que, si la lettre tomboit entre les mains de Sir James, il ne l'ouvrît, & n'en abusât dans les questions qu'il feroit à sa femme.

Sir James, convaincu par les informations qu'il avoit prises chez le pere de sa femme, qu'elle avoit passé la matinée chez un Baigneur avec le Capitaine, vint directement chez lui. Sa femme ne faisoit que de rentrer. Elle n'étoit pas encore remise de la confusion & de la frayeur qui l'avoient saisie à la nouvelle que Sir James étoit revenu de la veille. On lui dit qu'il étoit au Café, & peu d'instants après, il la jetta dans un tremblement universel, en frappant à la porte. Il vit son embarras avec les yeux de la rage & non de la pitié, parce qu'il le regardoit comme l'effet du sentiment qu'elle avoit de son crime. Il pâlit, ses lêvres tremblerent ; mais il fut assez maître de sa colere, pour lui demander, sans invectives, où & comment elle avoit passé la nuit ? « Chez » le Capitaine Freeman, répondit-

» elle : il étoit de garde, & j'ai resté
» avec sa femme jusqu'à ce qu'il fût
» revenu. De retour, il a voulu, à
» toute force, me ramener dans une
» voiture ; mais nous n'avons pas été
» plus loin que chez mon pere, où
» il m'a laissée de grand matin ».

(6e *dissimulation.*) Elle n'eut pas le courage d'aller plus loin, & s'arrêta-là, non sans donner des marques sensibles de peur & d'irrésolution. Sir James lui demanda pour lors, si, de chez son pere, elle étoit venue droit chez elle. Cette question, & la maniere dont elle fut faite, augmenterent son trouble. Si elle paroissoit avoir supprimé quelque chose dans le compte qu'elle venoit de rendre de sa conduite, cela feroit juger qu'elle étoit coupable, & qu'elle vouloit le cacher. Mais comment revenir sur ses pas? De l'équivoque, elle se sentit poussée au mensonge, d'autant plus que Sir James l'avoit induite en erreur, en disant chez lui qu'il alloit seulement dans un Café voisin. Après diverses réflexions tumultueuſes & rapides, (*menſonge.*) elle haſarda de dire qu'elle étoit reſtée juſqu'à huit heures avec Miſs Meadows; mais elle le dit avec des ſymptômes ſi marqués de la honte & du crime (ſentimens qui ne devoient avoir lieu que pour la fauſſeté dont elle ſe rendoit coupable), que Sir James ne douta pas plus de ſon infidélité, que de ſa propre exiſtence. Comme ſon récit étoit le même que celui du Capitaine, à cela près qu'elle nioit ce qu'il n'avoit point avoué, il conclut qu'ils s'étoient concertés; &, réſolu d'en avoir raiſon du Capitaine, il la quitta bruſquement, & ſortit.

A la porte, il trouva le porteur de la lettre de Madame Freeman, auquel il demanda, d'un ton furieux, ce qu'il venoit faire. Le commiſſionnaire, montrant la lettre, dit qu'il l'apportoit de chez Madame Bonnet. Sir James la lui arracha des mains, & la mit dans ſa poche, en marmotant quelques paroles de colere & de mépris.

Sir James ne trouvant point le

Capitaine chez lui, laissa un billet par lequel il lui donnoit rendez-vous au Cabaret voisin, où il alloit l'attendre avec son épée.

Tandis que cela se passoit, Mylady Forrest, appréhendant que son mensonge ne fût découvert, dépêcha quelqu'un au Capitaine, avec un billet où elle le conjuroit, en qualité d'homme d'honneur, de ne point révéler à Sir James, ni à personne, qu'ils s'étoient vus depuis qu'elle étoit sortie de la maison de son pere. Elle écrivit aussi à sa cousine Meadows, pour la prier de dire à Sir James, qu'elle étoit restée avec elle jusqu'à huit heures.

Miss Meadows reçut ce billet immédiatement après le retour du commissionnaire de Madame Freeman, lequel avoit rendu compte du mauvais succès de son message. Comme il étoit important que le Capitaine fût prévenu de cet accident avant qu'il revît Sir James, sa femme ue perdit point de temps pour aller lui en faire part,

Mais

Mais il étoit trop tard. Ayant trouvé chez lui le billet de Sir James & celui de Mylady Forreſt, il s'étoit déjà rendu au Cabaret. Il y demanda Sir James. On lui indiqua la chambre où il étoit au premier ſur le derriere. Sir James le voyant entrer ne lui rendit point le ſalut, & ferma la porte de la chambre au verrouil. Sa jalouſie étoit mêlée de l'indignation & du mépris que ne manque jamais d'exciter une offenſe qui nous vient de la part d'un inférieur. Il demanda donc au Capitaine, avec hauteur, s'il n'avoit pas été avec ſa femme depuis qu'il l'avoit laiſſée chez ſon pere. Le Capitaine, irrité du ton qu'il prenoit, & ſe croyant d'ailleurs engagé d'honneur à ne pas trahir Mylady Forreſt, (7e *diſſimulation.*) répondit qu'après ce qu'il lui avoit dit le matin, perſonne n'étoit en droit de ſuppoſer qu'il l'eût vue depuis; que quiconque inſinueroit le contraire, l'accuſeroit indirectement d'en avoir menti; qu'il n'étoit pas obligé de ſatisfaire à de pareilles demandes, & qu'au reste, en qualité de Gentilhomme, il étoit prêt à venger son honneur. Sir James prit cette défaite pour une nouvelle insulte ; & , ne pouvant plus contenir sa rage, il traita le Capitaine de menteur & de coquin, lui allongea en même temps un grand coup de poing, tira son épée & se mit en défense. Quelqu'envie qu'eût apporté le Capitaine de ramener son ami, & de le réconcilier avec sa femme, cet indigne traitement le mit dans une fureur égale à celle de son adversaire. Il mit donc aussi l'épée à la main, & après qu'ils se furent battus quelque temps en désespérés, il reçut un grand coup dans la poitrine, qui le fit chanceler quelques pas en arrierre, & l'étendit par terre.

Le bruit avoit attiré beaucoup de monde à la porte de la chambre qui fut forcée au moment où le Capitaine reçut sa blessure. On s'assura de Sir James, & on dépêcha pour avoir un Chirurgien. Cependant le Capitaine ſentoit qu'il ſe mouroit, & quoi qu'il eût penſé auparavant du juſte & de l'injuſte, du honteux & de l'honnête, il crut alors que toute diſſimulation étoit criminelle, & que Sir James, devenu ſon meurtrier, avoit droit à l'aveu d'une vérité qu'il s'étoit fait un mérite de lui ſouſtraire, lorſqu'il étoit ſon ami. C'eſt pourquoi il demanda en grace de lui parler en particulier. On ne put refuſer cette conſolation à un mourant. Les perſonnes qui avoient fondu en foule dans la chambre, ſe retirerent, ſe contentant de garder la porte. Le Capitaine aſſura Sir James, qui s'étoit mis à genoux à côté de lui, que, quoique ſa femme pût avoir été pouſſée à la diſſimulation & au menſonge par la crainte ou la vanité, elle étoit certainement innocente du crime dont il ſuppoſoit qu'elle s'efforçoit de lui dérober la connoiſſance. Il lui raconta enſuite brièvement tout ce qui étoit arrivé, & lui prenant la main, il le preſſa de ſe ſauver par la fenêtre, afin qu'il pût être le protecteur de sa femme & de l'enfant qu'elle portoit, supposé que la naissance de cet enfant ne fût pas empêchée par la mort funeste de son pere. Sir James, qui n'avoit le temps, ni de délibérer, ni de répondre, céda à cette considération, & s'échappa en effet. Dans sa fuite, vers Douvres, il lut la lettre qu'il avoit prise dans les mains du commissionnaire de Madame Freeman, & l'enferma dans la suivante qu'il écrivit à sa femme.

« Ma chere Charlotte, je suis le » plus malheureux de tous les hom- » mes. Je ne vous reproche pas que » vous en soyez la cause. Plût-à-Dieu » que je ne fusse pas plus coupable » que vous. Nous sommes martyrs de » la dissimulation ; c'est elle qui a » porté le cher Capitaine à passer » avec vous des heures qu'il auroit » bien mieux passées avec sa femme, » si elle n'avoit pas dissimulé de son » côté ; c'est elle, ou du moins le » succès que vous vous en promet-

» tiez, qui vous a conduite dans le » Parc où vous avez rencontré celui » que vous comptiez éviter ; c'eſt celle » que j'ai découverte dans le Capi- » taine qui a redoublé mes ſoupçons ; » c'eſt la vôtre & le menſonge que » vous y avez ajouté qui les ont con- » firmés. Mais vous n'auriez été ni » diſſimulée, ni menteuſe, ſi je ne » l'avois été avant vous. Car j'avois » dit, en ſortant de chez moi, que » je n'allois pas plus loin que le Café » voiſin, afin que vous ne puſſiez pas » vous douter que j'en ſavois trop » pour être trompé. Le menſonge » qu'on a mis dans la bouche du com- » miſſionnaire de Madame Freeman, » eſt cauſe que je n'ai pas lu la lettre » qui m'auroit tiré d'erreur. Enfin la » perſévérance du Capitaine dans ſa » diſſimulation a fait, de ſon ami, un » aſſaſſin & un fugitif; de ſa femme, » une veuve ; & de vous, une femme » déſolée. C'eſt ainſi que le défaut » de ſincérité précipite les gens dans

» le malheur. O ma chere Charlotte! » si jamais nous nous retrouvons. — » Il est impossible que nous nous retrouvions dans la paix & le contentement. — Mais encore, si nous nous » retrouvons jamais, soyons toujours » vrais. Celui qui est sincere, est sage; » il est innocent, il est en sûreté. Nous » hasardons de commettre des fautes » que la crainte ou la honte préviendroient, si nous n'espérions pas les » couvrir par le mensonge. Mais nous » sommes un triste exemple que les » hommes rencontrent, dans le dédale » de la fausseté, les maux qu'ils veulent éviter; & que les fautes qui » nous paroissent les plus légeres, » menent quelquefois aux conséquences les plus funestes. Comme il n'y » a que le seul sentier de la vérité où » l'on puisse toujours voir devant soi; » c'est aussi le seul qu'on peut suivre » avec succès dans la recherche du » bonheur. Adieu. Je suis... — Que » puis-je souscrire qui ne me déchire » le cœur? — Adieu ».

Quelques ſemaines après cette lettre, la malheureuſe Lady reçut la nouvelle que ſon mari avoit péri dans ſon paſſage en France.

POETE CONVERTI

Par son expérience, sur l'article d'une autre vie.

OUTRE les malheurs auxquels tous les hommes sont également exposés, il y en a d'intellectuels qui sont regardés comme particuliers aux vicieux. Les différens maux que produisent la détresse & la pauvreté, la peine & le chagrin, nous viennent souvent des autres. Mais on suppose que la honte & la confusion nous viennent de nous-mêmes, & sont en même temps l'effet & la punition de notre mauvaise conduite. Quelque spécieuse que cette supposition paroisse, je suis convaincu, par la plus grande évidence, qu'elle n'est pas vraie. Je puis combattre la théorie par l'expérience; & comme mon témoignage ne sera certainement pas à mon honneur & gloire, on ne pourra disconvenir qu'il n'ait éminemment le caractere de la sincérité.

J'avois autrefois pour principe favori, que tout homme est heureux à proportion qu'il est vertueux. J'avançois & je soutenois cette these dans tous les cercles ; &, voulant faire en sa faveur un dernier effort de génie, j'imaginai une suite d'évènemens capables de l'établir & de l'illustrer. Jugeant ensuite qu'il falloit substituer la chaleur de l'action au simple récit, & orner le sentiment par les beautés de la Poésie, j'arrangeai mon histoire selon les regles dramatiques, &, à force de travail & d'application, j'en fis une Tragédie.

Lorsqu'elle fut finie, je goûtai le repos d'Hercule après ses travaux ; très-content du passé, & jouissant par avance de l'avenir. Je lus ma Piece à tous ceux de mes amis qui venoient me voir, & toutes les fois que je sortois de chez moi, je ne manquois pas de la porter dans ma poche. Elle fut ainſi connue dans un cercle de perſonnes dont le nombre alloit toujours en augmentant, & enfin quelqu'un en parla ſi avantageuſement à une grande Dame, qu'elle me fit l'honneur de m'inviter à déjeûner le lendemain chez elle à neuf heures, avec quelques perſonnes choiſies qui ſeroient ravies de me l'entendre lire.

Le plaiſir avec lequel je contemplois mon ouvrage, les éloges de mes amis, & ſpécialement l'invitation, tout cela me paroiſſant être la récompenſe de mon mérite, formoit dans mon idée une preuve d'expérience, que le bonheur ſuit toujours la vertu. Je réfléchiſſois, avec une complaiſance infinie, ſur la plainte générale que le génie manque de patrons, & je concluois que ceux qui n'en avoient pas trouvé, ne méritoient pas d'en avoir. Je croyois que mon élévation étoit non-ſeulement ſûre, mais prochaine. Je croyois qu'on alloit envoyer inceſſamment au Directeur pour la repréſentation de ma Piece ; ce qui m'épargneroit l'embarras & l'humiliation de faire ma cour, & de solliciter par moi-même.

Enflé de ces espérances, je me levai de grand matin; &, comme j'étois tout habillé, long-temps avant l'heure du rendez-vous, je m'amusai à répéter tout haut les endroits les plus frappans, à préparer des réponses polies aux complimens qu'ils devoient m'attirer, & à régler le cérémonial de ma visite.

J'observai si scrupuleusement de me rendre à l'heure dite, que neuf heures sonnoient comme je frappois à la porte. On avoit donné ordre de me laisser entrer. Mais, comme le Portier avoit affaire ailleurs, ce fut un Laquais qui m'ouvrit. Dès qu'il sut mon nom, il m'introduisit sur le champ en marchant devant moi; je le suivis dans un appartement magnifique, où je trouvai, dans l'intérieur d'un grand paravent de la Chine, cinq Dames & un Gentilhomme.

Je fus un peu déconcerté à l'abord par le respect qu'on me témoignoit & la curiosité avec laquelle on me regardoit ; cependant je fis ma révérence à tout le monde en général, puis m'adressant en particulier à la plus âgée des Dames que je pris pour la maitresse de la maison, je lui exprimai, par un petit discours que j'avois médité tout exprès, combien j'étois sensible à la faveur qu'elle me faisoit. Mais on me dit, le moment d'après, que la Dame à laquelle je comptois avoir parlé n'étoit pas encore descendue. Ce *quiproquo* redoubla ma confusion ; car, ne pouvant plus répéter les mêmes mots, je pensois que je me trouverois au dépourvû dans l'occasion pour laquelle je les avois destinés. Toute la compagnie s'étant tenue de bout jusqu'alors, je me retournai promptement pour reconnoître ma chaise ; mais à peine fus-je assis que je m'apperçus d'une furieuse envie de rire que chacun cherchoit à étouffer. Cela me fit soupçonner que j'avois commis quelque incongruité, & j'essayé de m'excuser, sans savoir quelle pouvoit être ma faute. Mais à peine eus-je bégayé quelques paroles, que le chagrin dont je fus saisi me rendit muet. Le Gentilhomme fut assez honnête pour me découvrir la cause de leur bonne humeur. C'étoit une énorme queue de papier brun qu'un petit coquin de poliçon avoit attachée avec une épingle crochue entre les deux cadenettes de ma grande perruque. Ce galant-homme se récria sur la licence & la grossiereté du peuple, &, m'ôtant de derriere moi cette ridicule pendeloque, il rétablit ainsi l'honneur de ma tête. Cet heureux dénouement me remplit d'une joie inexprimable. Le maudit papier fut jetté au feu, & j'en ris de bon cœur avec les autres. Cependant j'étois encore embarrassé des suites de ma méprise, & ce n'étoit pas sans crainte & sans inquiétude que j'attendois la Dame qui m'avoit invité.

Lorsqu'elle entra, la déférence avec laquelle je la vis traitée par des gens si fort au-dessus de moi, me pénétra d'une crainte respectueuse qui suspendit en moi les facultés dont j'avois besoin pour me recueillir, de sorte que je pris le parti de lui déclarer mes sentimens uniquement par la profondeur de ma révérence, & la distance à laquelle je me tiendrois. En conséquence je me retirai vîte en arriere, & faisant en même temps une inclination jusqu'à terre, je donnai si rudement dans le paravent, qu'il en fut renversé. Sa chûte entraîna celle de la table à thé, brisa toute la porcelaine qui étoit dessus, &, pour comble de malheur, atteignit un petit chien favori. Au milieu de cette catastrophe, je restai dans le silence & l'étonnement, frappé des cris des femmes, des hûrlemens du chien & du fracas de la porcelaine; &, tandis que je me considerois comme l'auteur de tant de désastres, je crois que l'angoisse que je ressentis étoit bien équivalente à celle d'un homme qu'on va pendre. Bientôt cependant le paravent fut remis en place, les fragmens des tasses enlevés; &, quoique le chien fût le principal objet de l'attention, la

Dame du lieu ne laiſſoit pas de détourner de temps en temps la ſienne ſur moi. Elle me pria honnêtement de regarder cet accident comme une bagatelle. La porcelaine n'eſt rien, me dit-elle, & j'eſpere que Pompée aura moins de mal que de peur. Je fis quelques excuſes ſans ſuite & ſans liaiſon, parce que la honte brouilloit toutes mes idées. Enfin chacun reprit ſéance, & on apporta le déjeûner.

Je fus extrêmement mortifié de voir que la converſation rouloit entierement ſur les vertus de Pompée, & ſur les ſuites de la contuſion qu'il avoit reçue. On le viſita, on l'examina avec le plus grand ſoin, & il ſe trouva qu'au lieu d'être eſtropié ou moulu, comme on l'avoit appréhendé, il en étoit quitte pour avoir une de ſes jambes de devant épilée. Quand on lui eut appliqué quelques topiques, ſa maitreſſe le mit dans un coin ſur ſon couſſin, où il ſe lamentoit véritablement d'une maniere à faire pitié.

Je commençois à revenir un peu

de ma perplexité, & j'avois même déjà fait une tentative pour mettre un nouveau sujet sur le tapis, lorsque, jettant les yeux au-dessous de moi, je retombai dans la derniere confusion, en voyant pendre devant ma chaise quelque chose de blanc. Je crus que c'étoit un désordre choquant arrivé dans mon habillement, quoique, dans le fait, ce ne fût autre chose que le coin d'une serviette sur laquelle je m'étois assis, & qu'on avoit oubliée dans la bagarre occasionnée par la chûte du paravent.

On s'apperçut aussitôt de mon embarras, quoiqu'on se trompât sur la cause. La Dame de la maison, pour me mettre à mon aise, en me donnant occasion de déployer mes talens sans contrainte & sans cérémonie, me pria de vouloir bien lui procurer actuellement le plaisir qu'elle attendoit impatiemment de la lecture de ma Piece.

Je fus donc obligé de la tirer de ma poche. Mais, trouvant alors le moment de me r'habiller, je travaillai en grande diligence à faire rentrer les chofes dans l'ordre ; & , après avoir pris les précautions néceffaires pour les y maintenir, je commençai ma lecture. Ma voix fut d'abord foible, incertaine & tremblante ; j'oubliai pourtant à la longue ma fituation pour ne penfer qu'à mon fujet. Je prononçai avec plus d'emphafe & de jufteffe; & je pouffai même la préfence d'efprit jufqu'à obferver fi je produifois fur mon auditoire les effets que je m'étois flatté de produire. J'avoue que je fus étrangement piqué de ce qu'à chaque paufe que je faifois pour donner lieu de remarquer & de louer les beaux endroits, l'intervalle étoit toujours rempli par des élans de pitié pour le petit chien qui continuoit à gémir fur fon couffin , & dont on plaignoit le fort dans ces termes affectueux & pathétiques : *Pauvre petit malheureux ! pauvre cher petit ami ! une créature auffi intéreffante , auffi jolie !* &c.

Parvenu au quatrieme acte, il me

ſembla que certains incidens remuoient les paſſions de ceux qui m'écoutoient. Je me réjouiſſois de ce bon ſuccès, lorſqu'une Dame, qui étoit à côté de moi, ouvrant ſa tabatiere avec aſſez de peine, le tabac qui s'envola me jetta dans de ſi grandes convulſions d'éternuement, qu'ayant le plus preſſant beſoin d'un mouchoir, je fouillai promptement dans ma poche pour en tirer le mien. Mais je m'apperçus qu'on me l'avoit pris, & cette découverte ne me troubla pas moins que l'apparition d'un Eſprit. Tout ce que je pouvois diſtinguer, c'eſt que les yeux de la compagnie, que cet accident avoit attirés ſur moi, ſe détour noient d'un air qui prouvoit bien que la compaſſion des aſſiſtans n'étoit pas à l'épreuve du ridicule de ma détreſſe. Ce que je ſouffris alors ne peut ſe rendre. Dans l'accablement d'eſprit où j'étois, je tournois la tête çà & là, ſans ſavoir ce que je cherchois; à la fin pourtant je me couvris le viſage de mon manuſcrit, & m'étant ſervi du bout de ma cravatte, je le ferrai tout de fuite dans mon habit que je boutonnai par deffus. Après de pénibles effors, je repris ma lecture, & je fixai de nouveau l'attention de mon auditoire. Le quatrieme acte achevé, ils marquerent beaucoup d'impatience d'arriver à la cataftrophe. Cette favorable difpofition m'infpira une confiance & une vigueur nouvelle pour commencer le cinquieme. A peine avois-je lu la premiere page, que je fus interrompu par l'arrivée de deux Gentilhommes de grande qualité, mais fort bruyans, & d'un fort mauvais ton, parce qu'ils ne vivoient gueres qu'avec leurs valets, leurs chiens & leurs chevaux. Ils venoient dans le deffein d'accompagner les Dames à une vente.

Je me levai, ainfi que le refte de la compagnie, lorfqu'ils entrerent. Mais quelle fut ma furprife de me voir une ferviette entre les jambes qui pendoit jufqu'à terre. Un des deux nobles chaffeurs, qui fe trouva près de moi, témoigna la ſienne par une expreſſion burleſque accompagnée d'action. Car il m'arracha auſſitôt la ſerviette, & la donnant à un laquais : *tiens*, lui dit-il ; *elle prenoit le chemin d'un endroit où tu ne l'aurois jamais revue*. Les jeunes Dames furent auſſi confondues que moi de cette ſcene, & la maitreſſe elle-même en fut un peu déconcertée. Elle vit mon déſarroi, & tâcha d'excuſer ſon couſin. C'eſt un étrange garçon, me dit-elle, il joue de ces tours à tout le monde ; mais c'eſt ſon tic, & perſonne n'y prend garde. Lorſque nous fûmes tous replacés ſur nos ſiéges, les deux chaſſeurs déclarerent que, puiſque les Dames étoient réſolues de ne pas ſortir, ils ne ſortiroient pas non plus, & qu'ils aſſiſteroient à mon cinquieme acte. Ainſi on me pria de pourſuivre. Mais mes eſprits étoient totalement épuiſés par l'agitation de mon ame, & j'étois intimidé par la préſence des deux nouveaux venus qui ſembloient nous regarder moi & mon ouvrage purement comme des objets de plaisanterie & de divertissement. J'aurois renoncé très-volontiers à tous les honneurs que je m'étois promis le matin, pour recouvrer la dignité dont j'étois déchu à mes propres yeux, & je ne desirois guere en ce moment que de retourner sans autre disgrace, du grand jour où j'étois, dans l'ombre de ma tranquille obscurité. Mais il n'y eut pas moyen de refuser les Dames; il fallut obéir.

Je fus fort surpris & fort aise de l'attention avec laquelle mes deux nouveaux Auditeurs paroissoient m'écouter. Le petit chien étoit coi : Je donnois plus de *pathos* à ma voix, à mesure que la situation de mon héros malheureux devenoit plus critique; & je me flattois que la force de la poésie & de la vérité seroit encore victorieuse. Mais à l'instant même de la plus grande crise, le Gentilhomme qui m'avoit débarrassé de la serviette, me pria de m'arrêter. *Il me revient*, dit-il, *quelque chose dans l'esprit qui pourroit m'échapper, ſi je ne le diſois pas tout-à-l'heure.* Puis ſe tournant du côté de ſon compagnon : *Jacques*, dit-il, *on a vendu à Smithfield, pas plus tard que ſamedi dernier, le plus gros bœuf que j'euſſe encore vu : ſoit dit ſans faire tort à perſonne.* La bienſéance & la compaſſion ne purent tenir contre le ridicule de cette plaiſanterie lourde & méchante, & la maitreſſe elle-même partit d'un éclat de rire. J'en fus affecté bien différemment ; car, quand on m'auroit pris la main dans le ſac, je n'aurois pas été plus honteux, ni plus déconfit. A l'éclat de rire qui s'arrêta ſur le champ, ſuccéda une ſévere réprimande à celui qui l'avoit cauſé. Pour me dédommager de la mortification que je venois d'eſſuyer, les Dames témoignerent la plus vive impatience d'entendre la concluſion. Elles m'encourageoient à continuer par des louanges réitérées. Mais, quoique j'euſſe plus d'une fois tenté de reprendre mes ſens, & déjà recommencé l'endroit où l'on m'avoit interrompu, ma tête n'y étoit pas, ma voix chanceloit, & à peine eus-je aſſez d'haleine pour aller juſqu'au bout d'une période.

Mon bourreau de Gentilhomme, voyant cela, me prit ſoudain mon papier des mains, diſant que je ne faiſois pas valoir ma marchandiſe, & qu'il alloit finir ma Piece. Mais la gravité affectée de ſa contenance, le ton forcé de ſa voix, & le ſouvenir de la derniere anecdote du gros bœuf, excitoient des mouvemens incompatibles avec la terreur & la pitié, & rendoient ma condition ſouveraine-ment déſagréable, en tenant perpétuellement la compagnie ſur le point de rire.

Dans l'action de mon Drame, la vertu ſe ſoutenoit par elle-même, & triomphoit dans la jouiſſance d'un bonheur ſpirituel & indépendant, au milieu d'un enchaînement de malheurs qui l'aſſailloient du dehors, & qui ſe terminoient par la mort. Le vice, au contraire, par la réuſſite même de ſes projets, étoit livré à la honte, aux remords & au désespoir. Ces évènemens étant naturels, j'en concluois pratiquement, & avec la même assurance que si c'eût été une démonstration, que les supplices du Tartare & le bonheur des Champs Elysées n'étoient pas nécessaires pour justifier les Dieux, puisque, malgré l'inégalité qu'on prétend remarquer ici bas dans la distribution des biens & des maux extérieurs, la paix de l'ame étoit toujours la prérogative & la récompense de la vertu, & que le tourment de l'esprit étoit le partage & la suite nécessaire du vice.

Mais ce que mon esprit enduroit au moment même où ce sentiment fut rendu, m'en prouvoit invinciblement la fausseté, d'autant que, excepté la crainte de l'enfer, dont c'étoit nier indirectement l'existence, je souffrois tout ce qu'un homme coupable peut souffrir. Dans la poursuite d'un dessein que je croyois vertueux, le concours du hasard, avec les vices des autres, avoit chassé la paix de mon cœur; le

mal

mal que je reſſentois, s'étendoit du préſent à l'avenir; j'étois fruſtré non-ſeulement du plaiſir, mais encore de l'eſpérance : ma Tragédie, qui étoit le fondement de l'un & de l'autre, ſe trouvoit renverſée de fond en comble. Je fus ſi vivement affecté de ces idées, que je pris congé de la compagnie avec une précipitation digne du déſordre & de la détreſſe où j'étois. Je ne me ſouciai point de ce qu'on diroit de moi, quand je ſerois parti; & au moment où je ſortis de la maiſon, il n'y avoit peut-être pas ſur la terre un être plus miſérable que moi.

Le lendemain matin, lorſque je réfléchis, de ſang-froid, ſur ce qui s'étoit paſſé, j'aurois bien ſouhaité pouvoir accorder mon expérience avec mes principes, fût-ce aux dépens de ma ſageſſe. J'aurois ſuppoſé volontiers que le deſir que j'avois de l'approbation d'autrui, étoit une paſſion déréglée, & qu'une vertueuſe indifférence pour l'opinion des autres, m'auroit épargné tous ces chagrins. Mais, d'un autre côté, je fus forcé de reconnoître qu'une pareille indifférence eſt impraticable, & qu'un homme ne devient pas vicieux, parce qu'il ne fait pas l'impoſſible. La vertu peut avoir des degrès d'élévation ou de perfection au-delà de notre portée; mais, pour être vicieux, il faut, ou faire quelque choſe dont nous avons le pouvoir de nous abſtenir, ou négliger quelque choſe que nous pouvons faire. De tout cela, je conclus que, pour rattrapper du moins une partie de la conſidération que j'ai perdue, le ſeul expédient qui me reſte, c'eſt d'avouer mon erreur, & de mettre dans un nouveau jour la vérité contraire que j'ai découverte par des moyens ſi extraordinaires. C'eſt auſſi dans cette vue, que je rends mon aventure publique.

HISTOIRE

DE NANNETTE écrite par elle-même, ou LE LIBERTINAGE confondu par une rencontre imprévue.

JE ſuis née victime du crime, & le vice de ma naiſſance a eu, ſur ma vie, des ſuites ſi funeſtes &, en quelque maniere, ſi inévitables, qu'il y auroit, ce me ſemble, autant de cruauté que d'injuſtice à me l'imputer. Si c'eſt un malheur que de naître ſous la réprobation que la Loi attache aux enfans illégitimes, c'eſt la pitié & non le mépris qu'ils doivent exciter, & quiconque les mépriſe, ſubſtitue, par un renverſement étrange, un ſentiment barbare & malfaiſant aux mouvemens d'humanité convenables à l'objet, ou que l'objet doit naturellement produire. Ce ſeroit plutôt à ces innocentes créatures à reprocher leur origine à ceux dont ils la tiennent. Mais à Dieu ne plaiſe que j'uſe de ce droit, ſi c'en eſt un. On verra, par le tableau que je vais faire de mes malheurs, que je ſuis fort éloignée de cette fâcheuſe diſpoſition. Puiſſe mon récit rendre ces malheurs moins communs ! Après avoir été le jouet, la honte & le rebut de la nature, je ne m'eſtimerois pas tout-à-fait indigne de vivre, ſi je pouvois inſpirer à quelqu'un toute la haîne que mérite cette paſſion aveugle & brutale, qui, pour ſe procurer une ſatisfaction momentanée, ſe fait un jeu de peupler la terre d'infortunés, & d'y perpétuer toutes les horreurs de la miſere & de l'infamie.

La premiere ſituation que je me rappelle, eſt d'avoir été dans une eſpece de cave chez une laitiere, où je ſuppoſe que j'avois été miſe par les Officiers de la Paroiſſe. Ma nourrice étant ſouvent obligée de ſortir, je reſtois à la garde d'une petite fille juſtement aſſez forte pour me porter dans ſes bras, & qui, comme tous les petits génies à qui l'on donne quelqu'autorité, ne connoiſſoit d'autre moyen de faire valoir la ſienne que l'abus qu'elle en faiſoit. J'avois une ſi grande frayeur de ſa puiſſance & de ſon reſſentiment, que je ſouffrois, ſans me plaindre, tous les maux qu'il lui plaiſoit de me faire; &, à peine âgée de quatre ans, je ſavois déjà ſi bien ſurmonter la douleur & renfermer mes paſſions au-dedans de moi, que je ne ſourcillois pas, lorſqu'elle me pinçoit juſqu'au ſang, & que j'endurois patiemment qu'elle m'imputât tous les petits déſordres qui arrivoient dans le ménage par ſa négligence ou ſa méchanceté.

Cette condition n'étoit pourtant pas ſans avantage. Au lieu du mauvais pain qui auroit fait preſque toute ma ſubſiſtance chez une autre perſonne du même rang, mais d'un état différent, j'avois toujours du lait en abondance. Quoique écrêmé, il n'étoit pas aigre, & formoit une nourriture ſi ſaine, que je profitois à vue d'œil,

& que chacun me remarquoit pour la fraîcheur de mon teint & la blancheur de ma peau.

Dès que je pus articuler, on me mit à l'école pour apprendre à lire, & je me croyois aussi belle dans mon uniforme de gros drap bleu, qu'une belle Dame de la Cour dans ses atours les plus riches. La maitresse d'école étoit veuve d'un Ecclésiastique dont je lui ai souvent vu pleurer la perte, quoiqu'il fût mort depuis long-temps, & qu'il l'eût laissé si pauvre, qu'elle fut obligée de solliciter un emploi dont elle eût auparavant redouté la peine & dédaigné la bassesse. Élevée honnêtement, elle avoit acquis depuis son mariage une connoissance générale de la Littérature qui lui servoit à remplir agréablement ses momens de loisir, & qui rendoit sa conversation également intéressante & instructive pour moi.

Ses manieres m'inspirerent de l'affection & du respect. Je la trouvois fort différente de ma nourrice, &

j'étois si attentive & si empressée à lire dans ses yeux ce qui pouvoit lui plaire, que, toute jeune que j'étois, je prévenois quelquefois ses desirs. Il étoit naturel qu'elle aimât & qu'elle cherchât à récompenser en moi ce qu'elle y avoit mis de bon & de louable. J'avois environ huit ans, lorsqu'elle offrit à la Paroisse de me prendre chez elle, & de faire les frais de mon entretien. Sa proposition fut acceptée avec joie. Elle m'appelloit sa petite-fille, titre que j'étois jalouse de mériter, parce qu'elle en usoit avec moi, non comme un tyran avec son esclave, mais comme une mere avec son enfant. A l'exception d'une femme de journée que nous avions quelquefois, nous composions à nous deux toute la famille; de sorte que, hors le temps des affaires, nous étions toujours seules. Elle s'amusoit non-seulement à m'apprendre à lire, à écrire, à compter & à faire divers ouvrages d'éguille: mais, ce qui étoit plus important, elle m'enseignoit les principes de la vertu & de la Religion, que je trouvois si aimables dans sa conduite, que je n'avois besoin ni d'exemple, ni de motif étranger. Elle me donnoit aussi quelques notions générales des bienséances en usage dans le grand monde ; &, quoique enfant, & dans un état obscur, j'entrai ainsi dans quelque connoissance des élémens du savoir-vivre.

Avant l'âge de quinze ans, j'aidai ma bienfaitrice dans son emploi ; &, par les divers petits ouvrages qu'elle me procura, je gagnai de quoi m'habiller décemment. En imitant tout naturellement sa conduite, j'acquis insensiblement plus de considération sous ma grosse étoffe, qu'on n'en a pour la servante la plus hupée revétue d'un bel habit de soie.

Je vivois avec tant de simplicité & d'innocence, qu'à peine y avoit-il un seul de mes desirs qui ne fût satisfait. Je réfléchissois souvent sur mon propre bonneur, avec un sentiment de reconnoissance qui le rendoit plus parfait. Mais hélas ! cette félicité me fut enlevée presque aussitôt qu'accordée. Ma bonne maitresse, qui étoit mon amie & ma parente dans le sens le plus propre à gagner les cœurs, fut saisie d'une fievre qui l'emporta en peu de jours, & me laissa isolée dans le monde, sans parens, sans protection, accablée de chagrins & rongée d'inquiétudes. Je voyois bien le monde devant mes yeux ; mais je tremblois d'y entrer seule. Je n'avois point de métier qui pût me faire subsister, & je sentois de la répugnance à me mettre dans une condition servile où je ne pourrois en apprendre aucun. J'eus donc recours aux Officiers de la Paroisse, qui, par égard pour la patrone que je venois de perdre, consentirent à me reprendre à leur charge. Ils me mirent en apprentissage chez une Couturiere en robes, dont les pratiques, en petit nombre, étoient toutes au-dessous du moyen étage, & qui, je crois, avoit demandé elle-même une apprentisse aux Marguilliers, pour faire taire beaucoup de petits créanciers, & rattrapper un peu de crédit avec l'argent qui lui ſeroit avancé.

Son logement conſiſtoit en deux chambres ſur le derriere, dans une rue fort ſale, près des ſept cadrans. Elle me reçut avec de grandes honnêtetés ; nous déjeûnâmes, dînâmes & ſoupâmes enſemble, &, quoique je ne puſſe m'empêcher de regretter la condition d'où je ſortois, je me conſolois par la réflexion qu'en peu d'années je parviendrois à la maitriſe dans un métier qui pourroit me rendre indépendante, & me mettre en état de vivre d'une maniere plus conforme à mon inclination. Mais mon brevet d'apprentiſſage ne fut pas plutôt ſigné, que j'éprouvai un nouveau changement dans ma fortune. La premiere choſe que fit ma maitreſſe, fut de renvoyer ſa ſervante qui étoit une pauvre fille couverte d'ordure & de haillons que je crus follement qu'on mettoit dehors pour ſes mauvaiſes qualités. Il fallut prendre ſa place, allumer le feu, faire la cuiſine & les commiſſions, blanchir le linge; en un mot, faire tout ce qu'il y avoit de plus bas & de plus pénible dans le ménage, & paſſer la moitié des nuits pour coudre & remplir la tâche qu'on me donnoit.

Quoique j'enduraſſe tout cela ſans murmurer & ſans me plaindre, je devins cependant triſte & rêveuſe. Les larmes diſtiloient ſans bruit de mes yeux, & j'étois quelquefois ſi abſorbée dans la comtemplation de ma miſere, que je n'entendois pas ce qu'on me diſoit. Mais, au-lieu d'exciter la pitié, je ne m'attirois que du reſſentiment. Ma mélancolie paſſoit pour mauvaiſe humeur; on me grondoit de ſalir, je ne ſais comment, mon ouvrage par les pleurs qui tomboient deſſus; on me diſoit, d'un ton menaçant, que je n'en verſerois pas long-temps ſans ſujet, & l'effet ſuivoit toujours immédiatement la menace. Je portois continuellement ſur mes bras & ſur mon cou des marques de la façon brutale dont j'étois traitée.

Je m'appliquois cependant à mon nouveau métier, comme étant ma ſeule reſſource & le fondement de toutes mes eſpérances. Ma diligence & mon aſſiduité ſuppléoient au défaut d'inſtruction, & je puis dire, avec vérité, que je dérobai à ma maitreſſe la connoiſſance d'un art qu'elle s'étoit chargée de me montrer. Comme j'avois du goût, je me fis valoir auprès des meilleures pratiques, & ſouvent, quand les habits que je leur portois n'alloient pas à leur gré, je corrigeois le défaut que ma maitreſſe n'auroit pas été capable de découvrir.

Si la protection & les honnêtetés que je dus à ce petit talent encourageoient mes eſpérances pour l'avenir; elles me rendoient le préſent moins ſupportable. Mon tyran devint plus inhumain, & ſes mauvais traitemens étoient ſi durs que je méditai ſouvent mon évaſion, quoique je ne ſuſſe où aller, & que je viſſe clairement que, par ma fuite, j'allois ſacrifier tous mes intérêts, justifier toutes les plaintes qu'on faisoit de moi, & tomber dans un opprobre dont je ne releverois jamais.

Il y avoit un peu plus de quatre ans que je gémissois sous la plus cruelle oppression; les habits que je m'étois achetés de mon argent se trouvoient usés, & ma maitresse se croyoit intéressée à ne pas m'en donner de meilleurs qu'il ne falloit pour aller en commission & la suivre avec un paquet. Moi je crus qu'après tant de temps passé en apprentissage, il étoit très-raisonnable & même indispensable que je parusse dans un état plus décent pour faire ma cour aux pratiques, prendre leurs ordres & leur mesure, ou, tout au moins, leur essayer leurs habits. Après de longues délibérations & diverses tentatives, je surmontai enfin mes craintes, & je priai de la maniere & dans les termes qui me parurent les plus éloignés de choquer, pour qu'on me donnât un habillement qui répondît à mes vues, proposant de gagner ce qu'il coûteroit par un travail extraordinaire auquel je mettrois autant d'heures qu'il en faudroit: mais toute modeſte qu'étoit ma requête, elle ne fut répondue que par des reproches & des inſultes. « Il falloit » apparemment que je fuſſe une De» moiſelle, ou plutôt il falloit me » mettre en état de vôler de mes » propres aîles, & de travailler pour » mon compte. On ne devoit pas s'atten» dre à autre choſe de la part d'une » fille priſe à ſa Paroiſſe; mais on » ſavoit le moyen de rabbattre mon » orgueil, & de confondre ma ruſe ». Cette indignité me perça le cœur, & je crois que, dans le premier moment, je lui parlai avec colere. Mais mon reſſentiment fut traité avec mépris & dériſion, comme un effort impuiſſant pour me ſouſtraire à ſon autorité. Et, pour me montrer ſur le champ qu'elle étoit ſa maitreſſe, elle me frappa ſi rudement, que du coup je tombai de ma chaiſe. Soit qu'elle fut effrayé de ma chûte, ou qu'elle appréhendât que je ne misse l'allarme dans la maison, elle ne redoubla point & se contenta de me reprocher une misere & une pauvreté qu'elle cherchoit à perpétuer tant qu'elle pouvoit.

La douleur & l'indignation me firent verser un torrent de larmes. Je ne dis plus rien : mais dès cet instant ma haîne fut irréconciliable, & je résolus de rompre, à quelque prix que ce fût, un esclavage que je m'accusois d'avoir déjà trop long-temps souffert.

Il arriva le lendemain matin qu'elle m'envoya porter de l'ouvrage jusqu'à *Chelsea*; c'étoit environ la mi-Mai. La fraîcheur de l'air, la verdure de la campagne & le chant des oiseaux, eurent l'effet d'un enchantement sur moi, qui menois depuis long-temps une vie pénible, qui ne respirois dans Londres qu'un air épaissi & obscurci par la fumée, & qui ne voyois le soleil que sur les cheminées & les murailles. Je ne pus m'empêcher de prolonger de beaucoup le temps nécessaire à mon voyage, & chaque moment de retard augmentoit ma répugnance à retourner. C'étoit moins le plaisir que la crainte qui me retenoit. Je ne pouvois me détacher du présent, parce que j'avois peur de l'avenir, & le mal qui s'approchoit à chaque pas devenoit plus effrayant à proportion des vains efforts que je faisois pour retenir le bien qui s'éloignoit. Je trouvai que, qui regarde devant soi sans espérance, ne peut regarder autour de soi avec plaisir. Après avoir consumé beaucoup de temps en pure perte, je ne laissai pas de reprendre, dans l'inquiétude & l'irrésolution, le chemin qui remenoit à la maison, parce que je n'avois point d'autre refuge; mais je n'y mettois pas la diligence qui seule pouvoit me la rendre moins redoutable. Mon tourment redoubloit donc à mesure que j'avançois, & quand je me trouvai au bas du mail, dans le parc de St. James, je fus tellement accablée par les regrets

& le déſeſpoir, que, m'étant aſſiſe ſur un banc, je fondis en larmes.

Entierement occupée de mon malheur, & le viſage couvert de mon tablier, je fus quelque temps ſans appercevoir qu'il y avoit une vieille Dame aſſiſe à côté de moi. Telle eſt la force de l'habitude qu'à l'inſtant où je la vis, le profond ſentiment de ma miſere fit place à celui de la décence; &, comme cette Dame étoit miſe de façon à me perſuader qu'il y auroit de la préſomption à moi de reſter ſur le même banc qu'elle, je me levai ſur le champ fort confuſe pour le lui laiſſer. Elle ne voulut point le ſouffrir, &, me retenant par ma robe, elle me parla d'un air attendri, & me flatta par la pitié qu'elle témoigna pour mon affliction, avant même d'en connoître la cauſe. Il y avoit ſi long-temps que je n'avois entendu les doux accents de la bonté & de l'humanité, que, dès qu'elle eut ouvert la bouche, mon cœur treſſaillit de joie & de reconnoiſſance. Je lui racontai mon hiſtoire, à laquelle elle prêta grande attention, me regardant ſouvent en face. Quand j'eus fini, elle me dit que la maniere dont je l'avois contée ſuffiſoit ſeule pour la convaincre qu'elle étoit vraie; que j'avois un air de candeur & de ſincérité qui l'avoit prévenue en ma faveur dès la premiere vue; qu'en conſéquence elle ſe déterminoit à me retirer chez elle juſqu'à ce qu'elle m'eût établie dans mon métier de couturiere; ce qui lui ſeroit facile, en me recommandant à ſes connoiſſances; & qu'en attendant elle auroit ſoin d'empêcher que ma maitreſſe ne pût me nuire.

Il eſt impoſſible d'exprimer le tranſport avec lequel je reçus une délivrance qui me paroiſſoit un coup du Ciel. Je ne connoiſſois nullement les artifices de celles qui ont pratiqué les ſentiers tortueux du vice. Guidée par le ſouvenir de cette digne amie qui m'avoit élevée, je me livrai, ſans ſcrupule, à l'eſpérance de retrouver une autre mere. Je témoignai, par quelques mots entrecoupés, ma reconnoiſſance trop vive & trop forte pour être rendue plus régulierement. J'acceptai l'offre, & je ſuivis ma libératrice dans ſa maiſon. Je n'en avois jamais vu de pareille. Les chambres étoient grandes & le meuble élégant. Je rougiſſois de ma baſſeſſe, & j'aurois ſuivi à la cuiſine la ſervante qui nous ouvrit la porte, ſi la Dame ne m'en eût empêché. Elle vit ma confuſion, & m'encourageant par un ſourire, elle me fit monter dans une chambre où elle me fournit auſſitôt des bas, des ſouliers, un bonnet, des manchettes, un tablier, avec une robe d'une jolie étoffe d'Irlande, qui, quoique tachée en pluſieurs endroits, n'avoit pas été beaucoup portée. Toutes ces hardes, diſoit-elle, appartenoient à ſa couſine, jeune Dame dont elle vouloit prendre ſoin. Elle me preſſa de les mettre, pour que je fuſſe en état de dîner avec ſa famille. « Car, » diſoit-elle, je n'ai point de connoiſ-

» ſances auxquelles je puiſſe recom-
» mander une ouvriere que je tien-
» drois dans ma cuiſine ».

Je m'apperçus qu'elle me regardoit fort attentivement pendant que je m'habillois, & qu'elle étoit fort contente du changement que mon nouvel ajuſtement avoit fait dans l'extérieur de ma perſonne. « Je vois, me dit-» elle, que vous êtes faite pour être » une Demoiſelle, & ſi vous ne l'êtes » pas, ce ſera votre faute ». Je fis une révérence pour répondre à ce compliment qui me fit rougir; mais, malgré l'apparence de modeſtie qu'il répandit ſur mon viſage, mon cœur triomphoit dans l'orgueilleuſe confiance que c'étoit une vérité. Lorſque je fus deſcendue, ma patrone me préſenta à ſa couſine & à trois autres; elle leur conta mon hiſtoire qu'elle aſſaiſonna d'invectives contre ma maitreſſe, & de beaucoup de flatteries pour moi, deux choſes qui, à dire vrai, ne me déplaiſoient pas.

Après dîner, comme je vis qu'on

attendoit compagnie, je demandai permiſſion de me retirer. On me montra au haut de l'eſcalier une petite chambre qu'on me pria de regarder comme la mienne, & que je trouvai fort proprement meublée. La compagnie ayant reſté fort tard, je pris du thé, & je ſoupai ſeule, une domeſtique ayant eu ordre de me ſervir.

Lorſque je deſcendis le lendemain pour déjeûner, Madame Welvood me préſenta une piece de toile de coton peinte, ſuffiſante pour me faire une robe à la Françoiſe & un jupon. Elle y joignit environ douze aunes d'une étoffe de ſoie légere pour une autre robe qu'elle me dit de faire pour moi, afin de lui donner un échantillon de de mon habileté. J'eſſayai de m'excuſer de recevoir ce bienfait. Mais on m'ordonna de me taire avec une ſévérité obligeante, & d'un ton qui ne ſouffroit pas de réplique. On me dit que, « quand mes affaires feroient » bonnes, je paierois mes dettes, » qu'en attendant je ne devois être

» occupée que de me mettre bien, » & regarder ma nouvelle parure » comme le fonds de mon commerce, » parce que, ſans cela, je ne pourrois » y réuſſir ».

Je me mis donc à travailler. Je fis l'habillement complet, & je le portai. Je reçus beaucoup d'éloges ſur mon adreſſe & ma perſonne, & je me trouvai ainſi engagée dans le piége qu'on m'avoit tendu, avant d'en connoître le danger. J'avois contracté des dettes qu'il m'étoit impoſſible d'acquitter ; le crime, pour ſervir ſes deſſeins, pouvoit invoquer la puiſſance de la Loi, & ma créanciere me tenoit par l'eſpérance & par la crainte.

J'étois depuis un mois dans mon nouveau domicile, & on avoit pris grand ſoin de me cacher juſques-là tout ce qui pouvoit choquer ma pudeur, & me montrer le danger de ma ſituation. Malgré ces précautions, j'avois remarqué certains incidens fort propres à m'allarmer ; mais ſemblable à ceux qui, ſe réveillant d'un ſonge agréable, ferment les yeux à la lumiere, & tâchent de se rendormir, j'étouffois mes soupçons dès leur naissance, comme s'il n'y avoit point de danger pour ceux qui n'en connoissent pas, & qu'il ne fallût point examiner & approfondir les choses pour s'assurer du bien, ou se mettre en garde contre le mal.

La compagnie, qui remplissoit souvent la maison, se partageoit dans différentes chambres. Les visites étoient poussées jusqu'à minuit, ou quelquefois même jusqu'au matin. J'avois toujours demandé la permission de me retirer, qui m'avoit été accordée, non sans répugnance. Mais à la fin on me pressa de faire le thé, avec tant d'instances, que je ne pus refuser. La compagnie étoit fort gaie, & il se passoit entre les hommes & les femmes des familiarités dont je rougissois. Je tâchois cependant encore de me faire illusion là-dessus; je supposois que c'étoient des libertés à la mode parmi les gens du bel-air dont j'avois entendu décrire &

censurer les petites façons polies & légeres par ma chere maitresse d'école, à qui je devois tout ce que j'étois & tout ce que je savois. Je ne pouvois cependant réfléchir, sans inquiétude & sans chagrin, sur ce qu'on ne me parloit plus de m'établir. J'avois risqué d'en parler moi-même plusieurs fois, & j'esperois encore que, quand ma patrone m'auroit procuré un certain nombre de pratiques, je serois libre de me mettre en chambre; car je n'imaginois pas qu'elle pût en louer une à quelqu'un de mon état, sans se dégrader. Par la même raison, je ne pouvois distribuer des adresses pour me trouver, jusqu'à ce que je demeurasse dans une autre maison. Mais toutes les fois que je fis tomber la conversation là-dessus, j'essuyai des railleries sur ma gravité, ou de petits reproches sur la délicatesse de mon amour-propre, qui supportoit impatiemment d'avoir quelque obligation aux autres. On me disoit quelquefois, en riant, que je n'aurois d'autre affaire

que

que le plaisir ; on me contoit des histoires amoureuses, &, par des descriptions molles & licencieuses, on cherchoit à m'inspirer du goût pour une paresse libertine & pour des amusemens dispendieux. Mes soupçons augmentant par degrès, mes appréhensions devinrent plus fortes, & j'arrivai enfin au bout de mon rêve, sans pouvoir me rendormir. Je ne saurois dire, & je ne pus cacher l'horreur dont je fus saisie, quand je vis dans quelles mains j'étois tombée. L'effet qu'elle produisit sur moi, fut tel qu'il ôta toute espérance de succès à la malheureuse qui vouloit me séduire ; &, voyant qu'il n'y avoit pas moyen de m'amener à ses fins par l'amour du plaisir, elle résolut de venir à bout de moi par surprise, & de me jetter dans ses filets par le désespoir.

Il y eut encore plus de malheur que de ma faute, si je ne quittai pas tout de suite un lieu où l'on avoit juré ma perte. La Welvood eut soin de prévenir ma fuite. Le lendemain que j'eus découvert ſes intentions, le propos de mon établiſſement fut remis ſur le tapis, & dès que nous eûmes déjeûné, elle me fit monter avec elle dans un carroſſe de louage, ſous prétexte de me chercher un logement. Mais elle trouva toujours quelque raiſon plauſible contre tous ceux que nous vîmes. Elle eut ainſi l'adreſſe de m'occuper l'imagination, & de me retenir la plus grande partie de la journée avec elle. Nous revînmes dîner à trois heures, & nous paſſâmes l'après-dîner ſans compagnie. Je pris le thé avec la famille; &, me trouvant le ſoir extraordinairement aſſoupie, je fus me coucher deux heures plutôt qu'à l'ordinaire.

Je ne m'apperçus de rien pendant la nuit. Mais les circonſtances où je me trouvai le matin ne me permirent pas de douter de ce qui s'étoit paſſé. Je vis, avec un étonnement, une indignation & un déſeſpoir qui ſuſpendirent pour un temps toutes mes facultés, qu'on m'avoit fait ſouffrir, dans un état d'insensibilité, une injure irréparable, & cela moins pour satisfaire le misérable qui avoit abusé de moi, que pour m'ôter mes scrupules, & pour que l'impossibilité de recouvrer ce que j'avois perdu me rendît indifférente sur ce qui me restoit. On employa toutes sortes d'artifices pour m'appaiser, & lorsqu'on en reconnut l'inutilité, on essaya de m'intimider par des menaces. Je ne sais pas trop ce qui arriva dans les premiers transports de ma colere; mais ils m'épuiserent entierement. Le soir, ma langueur & ma foiblesse ayant mis fin à l'agitation de mes sens, & la perfide Welvood n'ayant pris aucune précaution pour me retenir, parce qu'elle ne me croyoit pas en état de m'échapper, je trouvai moyen de me dérober par l'escalier jusques dans la rue, sans être suivie. J'étois si malheureuse, que je sentis un mouvement de joie de me retrouver libre, quoique ce fût de la liberté d'un prisonnier qui seroit en fuite dans un désert, où, après avoir échappé à la prison & au supplice, il faudroit un miracle pour l'empêcher d'être la proie de la faim ou des Sauvages : je fis bientôt la réflexion que je n'avois ni asyle, ni argent pour en trouver. Cependant il ne me prit pas la moindre envie de retourner sur mes pas. J'eus bien plusieurs fois l'idée de m'en retourner chez mon ancienne Maitresse ; mais lorsque je songeois aux mauvaises conséquences qu'elle ne manqueroit pas de tirer de mon absence & de la maniere dont j'étois équipée ; lorsque je me la représentois triomphante de me voir dans la triste nécessité de recourir à elle, j'aimois mieux m'exposer à tous les hasards, que de courir ce risque-là.

Je continuai de me traîner, ainsi abandonnée de toute la nature, foible & découragée, jusqu'à ce que toutes les Boutiques fussent fermées, & qu'il regnât dans les rues un profond silence. Je ne voyois plus ce monde empressé dont la présence m'avoit, pour ainsi dire, soutenue. Chacun étoit rentré chez soi, à l'exception de quelques malheureux vagabonds comme moi, qui étoient ou attroupés dans un coin, ou rodant sans savoir où ils alloient. Il n'est pas aisé de concevoir le tourment cruel que me donnoient les réflexions sur mon sort ; & peut-être ne trouveroit-on pas trop vraisemblable qu'une personne qui ne fuyoit pas pour se sauver de la Justice, & qui ne demandoit pas mieux que de travailler, fût ainsi dépourvue de ce peu même qui est nécessaire à la vie, & prête à mourir de faim au milieu d'une Ville aussi peuplée, aussi abondamment fournie de commodités pour tous les rangs, depuis le Pair du Royaume jusqu'au mendiant. La nécessité me força de passer la nuit dans la rue, sans espoir de mieux passer la suivante ; ni de trouver de quoi subsister, en attendant qu'elle arrivât. Je n'avois rien pris de la journée, chaque moment augmentoit ma langueur ; j'étois fatiguée, je n'en pouvois plus. Mon visage étoit couvert d'une sueur froide, mes jambes trembloient ſous moi. Mais je n'oſois ni m'aſſeoir pour me repoſer, ni faire deux fois la même rue, de peur d'être ſaiſie par le Guet, ou inſultée par des libertins ou des ivrognes. Je ne ſavois comment diverſifier ma marche. J'imaginai pourtant que je ſerois plus en ſûreté dans la Cité, que dans le *Strand* où il y a beaucoup de mauvais lieux, ou que dans les rues peu fréquentées qui n'étoient pas ſi bien gardées. Car, quoique je n'oſaſſe gueres compter ſur la protection de la Loi, je craignois encore plus les perturbateurs de la paix, que ceux qui étoient prépoſés pour la défendre. J'avançois donc chemin autant que je le pouvois, & il ſonnoit onze heures lorſque je traverſois le Cimetiere Saint-Paul. Mais tel fut mon malheur que je rencontrai ce que je craignois à l'endroit même où je me réfugiois pour l'éviter. Je fus arrêtée en paſſant le coin dans *Cheapſide* par un homme aſſez bien mis qui vouloit m'entraîner vers le vieux Change. J'ignore ce qu'il me dit ; mais, ſans lui répondre, je fis mes efforts pour me dégager de ſes mains. Mes efforts étoient foibles, & cet homme prenant peut-être la foibleſſe de ma réſiſtance pour une diſpoſition à me rendre, paſſa tout de ſuite à des familiarités pour leſquelles je le frappai avec une indignation & une rage qui ſuppléoient à la force. Mais le coup que je lui donnai ſuffit pour épuiſer le peu de vigueur qui me reſtoit. Le brutal me le rendit avec pluſieurs autres qui me firent tomber par terre. Quelque miſerable que ſoit la vie, l'inſtinct porte toujours à la défendre ; & quoique le moment d'auparavant j'euſſe ſouhaité de mourir, je ne laiſſai pas de crier au ſecours. Ma voix fut entendue par un homme du Guet qui accourut vers moi. Me trouvant étendue par terre, il m'examina fort attentivement avec ſa lanterne qui me fit voir, avec la plus grande confuſion, le déſordre de mon ajuſtement dont je ne m'étois pas encore apperçue. Mes cheveux me tomboient ſur les épaules , mon corps n'étoit lacé qu'à-demi, & tout le reſte de mon habillement ſe ſentoit du trouble & de l'aliénation d'eſprit qui ne m'avoient permis de prendre garde à rien, lorſque je m'étois ſauvée de chez la Welvood. Sur ces fâcheuſes apparences, l'homme du Guet jugea que j'étois une coureuſe ; &, comme j'avois beſoin d'aide pour me relever, il en conclut de plus que j'étois ivre. Il poſa donc ſa lanterne, appella ſon camarade pour l'aider, & ils me relevérent. J'avois la voix tremblante, les yeux égarés & tout le corps ſi foible, qu'à peine pouvois-je me ſoutenir. Toutes ces circonſtances le confirmerent dans ſon opinion ; & me voyant le viſage enſanglanté & les yeux bouffis, il me dit, en ricanant, que, pour me préſerver de plus mauvais traitemens, il alloit me mettre à couvert pour le reſte de la nuit, & en conſéquence ils me traînerent en priſon, ſans aucun égard à mes prières & à mon malheur.

Je paſſai la nuit dans des angoiſſes dont le ſouvenir me fait encore friſſonner, & on me conduiſit le matin chez un Magiſtrat. L'homme du Guet expoſa qu'il m'avoit trouvée dans la rue à une heure après minuit, criant au meurtre, & venant d'avoir une querelle ; qu'à peine étois-je encore déſenivrée, comme ſa Grandeur pouvoit le voir ; que j'avois été bien battue, parce que probablement j'avois fait quelque malheureuſe tentative ſur la poche d'autrui ; & qu'il falloit que je m'y fuſſe pris bien mal-adroitement, pour avoir été ſi mal menée.

Ce récit, tout faux & injurieux qu'il étoit, ſe trouvoit conforme aux apparences. J'étois couverte de boue. Je n'avois pas la force d'articuler, ni de me ſoutenir, tant ma foibleſſe & ma terreur étoient grandes. Le Magiſtrat me dit cependant, avec beaucoup de bonté, que j'euſſe à me défendre ; ce que j'eſſayai de faire, en diſant la vérité. Mais je contai mon hiſtoire avec tant d'héſitation, elle étoit elle-même si étrange, si peu probable & ressembloit si fort à ces contes mal digerés qu'un coupable invente, qu'elle ne trouva point de croyance. On me dit qu'à moins de produire quelque témoin digne de foi qui déposât en ma faveur, on m'enverroit à Bridwell, maison de correction.

Cette menace fut un coup de foudre pour moi. Je me formois des idées si affreuses de cet endroit, que la triste demeure où j'avois fait mon apprentissage me parut un Palais en comparaison, & qu'avec tous ses désavantages, elle devint dès-lors le souverain objet de mes vœux & de mes espérances. Je demandai donc qu'on envoyât chercher ma maitresse. Je me flattois qu'elle me sauveroit du moins la maison de correction, ne fût-ce que pour avoir le plaisir de me tourmenter elle-même.

Je la vis arriver environ deux heures après. Elle témoigna une satisfaction si maligne en me voyant, que toutes mes espérances s'évanouirent, & que je regrettois presque de l'avoir fait venir. Je pense qu'elle étoit bien-aise de trouver une occasion de me mettre hors d'état de lui enlever quelque-unes de ses pratiques, chose qu'elle avoit quelque sujet d'appréhender. Elle dit au Juge qu'elle m'avoit prise, il y avoit quatre ans, parmi les enfans de charité de la Paroisse pour m'apprendre son métier, mais que j'avois toujours été revêche, méchante & paressense; qu'il y avoit plus d'un mois que je l'avois quittée clandestinement dans un équipage décent & modeste, convenable à ma condition, & qu'elle laissoit à sa Grandeur à juger de la conduite que j'avois tenue depuis par les guenilles à prétention que je portois. Ce que cette déposition avoit de commun avec la mienne servit à confirmer les faits qui étoient à ma charge. Il paroissoit incontestable qu'au sortir de chez elle, j'avois été débauchée dans quelque mauvais lieu où l'on m'avoit fourni des habits, & où j'étois restée plus d'un mois. Les autres circonstances de l'ignorance où j'étois de ma ſituation, de ma proſtitution involontaire, de mon évaſion pour prévénir de nouvelles inſultes, tout cela paſſoit pour autant de menſonges controuvés pour pallier mon libertinage. La perſonne que j'accuſois vivoit dans un autre Comté, & il falloit terminer mon affaire de maniere ou d'autre. On demanda donc à ma maitreſſe ſi elle vouloit me reprendre ſur la promeſſe que je ſerois plus ſage; &, ſur ſon refus qui fut net & abſolu, on expédia un ordre pour me conduire à Bridwell, où je fus miſe aux travaux les plus durs. Le Clerc eut ordre cependant de faire une note de mes charges contre la Welvood, & on me dit qu'on informeroit ſur ſon compte.

Au bout de huit jours paſſés dans cette maiſon de force, il me fut remis un billet ſans date & ſans ſignature, où l'on me diſoit que ma malice contre ceux qui avoient voulu me faire du bien étoit demeurée ſans effet; que, ſi je voulois retourner chez eux, ils me procureroient ma décharge & me recevroient encore avec bonté ; mais que, si je persistois dans mon ingratitude, ils sauroient s'en venger.

Ce billet me fit conjecturer que la Welvood avoit trouvé moyen d'arrêter les enquêtes qu'on commençoit à faire sur sa conduite en conséquence de ma déposition, & qu'elle avoit su en même temps ce que j'étois devenue. Je répondis, sans balancer, que j'étois contente de ma situation, & disposée à souffrir tous les maux dont il plairoit à la Providence de m'affliger.

Je ne fus pas traitée fort sévèrement durant ma captivité ; & comme il n'y eut point de crime particulier allégué contre moi aux Assises suivantes, je fus élargie. Mon honneur étoit perdu sans retour, & n'ayant point d'ami sur la terre pour me donner rerraite, ni d'emploi pour gagner ma vie, je n'eus encore d'autre perspective que celle d'errer dans la Ville, sans pain & sans abri. Je suppliai donc les Officiers de ma Paroisse d'ordonner qu'on me reçût à travailler dans l'Hôpital qui dépendoit d'elle, (*Work-House*), jusqu'à ce qu'ils me trouvassent quelqu'autre moyen de subsister. Une requête si raisonnable & si extraordinaire fut louée & admise sur le champ. Mais lorsque je sortois de Bridwell, mon passe-port à la main, je fus arrêtée à la porte pour une dette de vingt liv. sterling, par un Sergent accompagné d'un Huissier de la Welvood. Ne pouvant pas plus donner de caution que d'argent, on me traîna sur l'heure même à Newgate, où mes geoliers, voyant d'abord que je n'avois pas le sol pour me procurer aucune commodité, me mirent à l'endroit qu'on nomme le Commun, (*Common-Side*), parmi les plus miserables & les plus débordés de tous les êtres humains. Ma compagnie à Bridwell étoit composée de mauvais sujets; mais la présence du Maître qui distribuoit à chacun sa tâche, & la continuité du travail y prévenoient la licence; au-lieu qu'ici mes oreilles étoient révoltées à chaque inſtant par des blaſphêmes & des obſcénités. La converſation de la Welvood & de ſes hôtes étoit chaſte & ſainte en comparaiſon de celle que j'entendois, & la vie qu'on menoit chez elle, pure & innocente, au prix de celle qu'on menoit en ce lieu. Je commençai à perdre inſenſiblement l'horreur que j'avois pour la ſimple incontinence; & celle même que j'avois pour les actions où elle ſe trouve mêlée avec d'autres circonſtances criminelles, diminuoit à proportion que je me familiariſois avec elles. Mais l'affoibliſſement de ma vertu n'apportoit aucun adouciſſement à mes malheurs. Je reſtois ſans amis & ſans argent; la faim, la ſoif, le froid, la nudité m'aſſiégeoient dans mon affreuſe priſon. Dans ces rudes momens d'épreuve, je reçus encore un aſſaut de la perfide qui m'avoit mis dans ce déplorable état pour m'amener à ſon but. Que ceux qui n'ont trouvé que des fleurs & de l'agrément ſur le chemin de la vertu, ne me jugent pas trop févèrement, fi, après n'y avoir marché que fur des épines & lutté contre les plus terribles obftacles, je fis enfin comme celui qui, accueilli d'une tempête au milieu de la nuit, tourne fes pas vers le premier endroit où il apperçoit de la lumiere, & fe met à couvert fous le plus prochain abri; qu'ils ne me condamnent pas trop rigoureufement, fi j'acceptai la liberté, l'aifance & l'abondance aux feules conditions qui pouvoient me les faire obtenir. Quelle que fut ma répugnance à prendre ce parti, je confentis à retourner chez la Welvood pour y achever ma ruine. L'action pour dette fut retirée, & les frais payés; & j'allai dans la même maifon où j'avois logé près de Covent-Garden. Je recouvrai en peu de temps ma fanté & ma beauté. Je fus habillée de nouveau & parée aux dépens de mon tyran. Les termes de ma proftitution étoient fixés, & de l'argent qui étoit le prix de mon corps & de mon ame, je n'en recevois gueres plus que j'en aurois gagné à ſarcler dans les champs. Je n'avois d'autre loi que la volonté de ma créanciere, & c'étoit pour moi une loi ſans appel. Mon eſclavage étoit affreux, & le métier que je faiſois encore plus horrible. Car les principes de vertu & de religion que j'avois reçus dans ma jeuneſſe, quoiqu'étouffés dans mon cœur, n'avoient pu en être totalement déracinés ; & je puis dire que je n'admis jamais aucune viſite déshonnête, ſans un ſoulevement de cœur & un tremblement violent dans mes lèvres & dans mes genoux.

Un jour que je rentrois dans mon odieuſe demeure, je fus ſuivie par un homme d'un certain âge, qui me propoſa de m'emmener avec lui chez un Baigneur. J'y conſentis, quoiqu'avec des marques ſenſibles de honte & de répugnance. Je m'apperçus, avec plaiſir, qu'il étoit bien aiſe de me trouver une pudeur & une modeſtie auxquelles il ne s'attendoit pas. La maniere honnête dont il me traita me rendit un peu plus libre, & il me parut content de ma conversation.

Nous bûmes une bouteille de vin de France, & nous nous préparions à nous mettre au lit, quand je le vis tout-à-coup se troubler & pâlir, comme s'il eût reçu secrettement une atteinte mortelle. Je lui demandai, avec un empressement inquiet, ce qu'il avoit; il ne répondoit point. Il étoit tombé dans une espece de léthargie. Je lui pris la main, je la serrai; & le regardant d'un air pénétré de son état, je n'étois occupée qu'à trouver les moyens de l'en tirer. Ma surprise & mon inquiétude redoublerent, quand je le vis frissonner & se reculer brusquement, puis revenir à moi, me prendre dans ses bras, & faire inutilement tous ses efforts pour me parler. Je crois qu'il auroit étouffé, s'il n'eût été promptement soulagé par un torrent de larmes. Je ne saurois dire combien j'étois épouvantée & confondue. Ayant enfin recouvré l'usage de la parole : « Ah! mon enfant, me

» dit-il, c'eſt donc vous que j'ai livrée
» à la derniere des infamies, pour
» me livrer moi-même au libertinage
» & à la débauche, triſtes guides qui
» nous ont conduits juſqu'au bord d'un
» précipice affreux. Oui, vous êtes
» ma fille, je n'en ſaurois douter
» aux marques imprimées ſur vous
» par votre malheureuſe mere que
» j'ai ſi cruellement ſéduite & aban-
» donnée. C'eſt elle qui vous a mis
» ſous le ſein gauche les deux pre-
» mieres lettres de mon nom. Hélas!
» me diſoit-elle, en pleurant, ce ſigne
» donnera peut-être à ma petite Nan-
» nette la ſeule connoiſſance qu'elle
» aura jamais de ſon pere. Elle ne
» prévoyoit pas, la pauvre femme,
» que cette précaution me feroit ſentir
» un jour toute la honte & la dureté
» de ma conduite, & qu'elle donne-
» roit lieu à la plus étrange ſcene qui
» puiſſe arriver entre un pere & ſa
» fille ».

Il eſt impoſſible de rendre la maniere dont je fus affectée de ce que

j'entendois & de ce que je voyois. J'ai ſu depuis qu'étant reſtée ſans mouvement durant quelques minutes, je joignis enſuite les mains & levai les yeux au Ciel dans une eſpece d'agonie qu'il faudroit avoir vue pour la concevoir. Enfin mes larmes coulerent, je repris mes ſens; je l'appellai mon pere, je me proſternai à ſes pieds & lui demandai ſa bénédiction. Nous nous aſsîmes & nous paſſâmes le reſte de la nuit dans des entretiens dignes de la faveur que le Ciel venoit de nous faire. Il voulut que je lui contaſſe mon hiſtoire qu'il interrompit cent fois par ſes queſtions, ſes ſoupirs & ſes embraſſemens, & c'eſt lui qui veut encore que je la publie. Dès le lendemain il loua pour moi un appartement à ſix milles de Londres, où il vient me voir tous les jours. Il ſe propoſe de ſe retirer avec moi dans le fond de quelque Province éloignée, pour y mener une vie qui ſoit une continuelle action de graces envers celui qui ſemble avoir voulu ſignaler ſur nous ſa bonté & ſa puiſſance, en nous retirant du vice par des évènemens ſi étranges & ſi au-deſſus de toute prévoyance humaine.

Mais tandis que mon cœur s'éleve par la reconnoiſſance à celui qui ſeul ſait tirer le mal du bien, je ſouhaite qu'on ſe ſouvienne que je fus naturellement précipitée dans le mal, & que mon retour au bien eſt preſque miraculeux. Mon premier pas vers le vice fut ma déſertion de chez ma Maitreſſe: tous mes crimes & mes malheurs en ont été la ſuite. Que chacun ſe tienne donc dans le poſte qui lui eſt aſſigné par la Providence, & ne s'écarte pas du droit chemin. Le ſentier qui lui paroît le plus attrayant par ſa verdure peut le mener dans un abîme. Car enfin qui ſait où un premier égarement doit le conduire, & qui peut répondre qu'il ne lui en arrive autant de maux qu'il m'en eſt arrivé?

HISTOIRE

D'AGAMUS, *Pere de Nannette.*

LES motifs qui m'ont fait exiger de ma fille qu'elle écrivît son Histoire, m'engagent à y joindre la mienne, comme une espece d'amende honorable à la vertu ; & puisqu'il m'est impossible de réparer proprement & directement les maux infinis dont je suis l'auteur, je veux du moins empêcher, autant qu'il est en moi, que les autres ne se rendent aussi coupables que moi.

Pour entrer tout d'un coup en matiere, je dirai que ma mere me laissa fort jeune, quand elle mourut. Mon pere, qui commandoit dans les Armées Navales, n'étoit pas à portée de veiller sur mon éducation. Il me mit d'abord à l'Ecole, ensuite à l'Université. A l'Ecole, nous étions un trop grand nombre d'enfans pour qu'on pût régler nos mœurs ; &

ce que j'appris à l'Université, ne tourna pas à l'avantage des miennes. J'étois fils unique, mon pere me donnoit de l'argent à pleines mains, je m'en servois pour contenter mes vices. Un sentiment général de ce qui est bon & honnête me retenoit quelquefois; mais depuis que j'étois devenu savant, j'opposois des argumens sophistiques aux remontrances de ma conscience. Je me prouvois, d'après quelques Philosophes célebres, tant anciens que modernes, qu'il n'y a rien de bon que le plaisir, & je devins ainsi libertin par principes.

Mon pere mourut la même année que la Reine Anne, peu de mois avant que j'eusse atteint l'âge de majorité. Il me laissa une fortune considérable. Je quittai aussi-tôt l'Université pour venir à Londres, que je regardois comme le séjour de tous les plaisirs. Mes rentes suffisant pour me faire vivre dans l'abondance, je résolus de ne point toucher à mon capital. Je me fis un plan de vie conforme à mon humeur, qui me portoit plus au repos qu'à la dissipation, & je réglai ma dépenſe avec l'économie d'un Philoſophe. Je trouvai que je ſatisferois mes goûts favoris plus sûrement & avec moins de ſcandale, à proportion que ma vie ſeroit plus privée. En conſéquence, au-lieu de m'embarraſſer d'une famille, je me contentai d'un premier pour mon logement, d'un laquais & de deux chevaux que je tins en penſion. J'allois ſouvent au ſpectacle, où preſque toutes les pieces qu'on repréſentoit, confirmoient mes principes & ſur-tout ma réſolution de reſter garçon. A la vérité, les comédies ſe terminoient toujours par un mariage; mais c'étoit le mariage d'un débauché qui regrettoit de ſacrifier ſa liberté pour raccommoder ſa fortune. Le malheur de ceux qui finiſſoient ainſi par s'épouſer dans les drames, juſtifioit ma répugnance, & leur exemple ne ſembloit être propoſé que pour avertir les hommes que, malgré ce qu'en avoient pu penſer ceux que l'indigence avoit réduits à cette extrêmité, on ne pouvoit prendre femme ſans renoncer au repos, à l'indépendance & au bonheur de la vie.

Je vécus ainſi l'eſpace de vingt ans, ſans affoiblir mon tempérament, ni déranger ma fortune, & ſans me voir chargé d'aucun enfant illégitime, lorſque mon hôte prit pour ſervante une jeune fille de 18 ans qui arrivoit de la campagne. La beauté naïve, la ſimplicité & l'air de ſanté qui brilloient dans cette créature, m'échaufferent tellement l'imagination que je fis tout au monde pour la débaucher, & qu'à la fin j'y réuſſis. Je trouvai qu'il étoit plus commode pour moi de l'avoir dans la maiſon que de la mettre ailleurs. Mais, au bout de quelques mois, elle s'apperçut qu'elle étoit enceinte, ce qui troubla un peu l'indolence de ma ſenſualité & me fit repentir de mon indiſcrétion. Cependant, comme je ne voulois pas avoir de reproches d'inhumanité ou d'ingratitude à me faire, je la mis dans un appartement & je lui donnai du monde pour la ſervir. Elle y accoucha d'une fille, qui fut pour moi un nouvel embarras. Car, quoique je ne me tinsse lié par aucune des obligations de pere ou de mari, je ne croyois pas qu'il me fût permis d'abandonner totalement la mere & l'enfant. Je me sentois quelque inclination pour la mere; mais c'étoit si peu de chose que j'aurois consenti de bon cœur à ne la jamais revoir, à condition que je serois délivré de tout soin à son égard. Il falloit prendre un parti. Je pris celui de la tenir à ma portée, du moins tant qu'elle pourroit servir à mes plaisirs. Je voulois lui retirer son enfant; mais elle insista, pour le nourrir, avec tant d'importunité, que je ne pus y résister. Après avoir bien rêvé, je la mis au fauxbourg dans une petite boutique où je lui donnai un fonds de petites merceries qui me coûta vingt livres sterling. Elle se connoissoit un peu à ces sortes de marchandises, parce que son pere en faisoit commerce dans son village. Elle répandit que son mari avoit été tué dans un combat sur mer, & qu'elle avoit acheté son fonds avec l'argent de sa paye qu'il lui avoit laissé par testament. Cette dépense, à mon avis, la mettoit en état de subsister au moins aussi bien qu'elle auroit fait dans la condition où je l'avois prise. Ainsi je me crus déchargé de toute obligation; & toutes les fois qu'il me prenoit envie de la voir, je la faisois venir chez un baigneur.

Mais ces entrevues ne me donnerent pas le plaisir que j'en attendois. Son affection pour moi étoit trop tendre & trop délicate; elle pleuroit souvent, malgré tous ses efforts pour retenir ses larmes; & tandis que je ne la considérois que comme une maitresse, elle ne pouvoit s'empêcher de me conter des histoires de sa petite fille, avec tout l'intérêt & la prolixité d'une mere. Ces incidens me faisoient naître des remords, & éteignoient en même tems des desirs que je voulois satisfaire. Je la vis plus rarement. La pauvre fille ne vint jamais me chercher; &, quand je la revoyois, elle ne me reprochoit la longueur de mes absences que par des larmes de tendresse.

Au bout de la premiere année, je la négligea ientierement; &, n'ayant point entendu parler d'elle durant l'hiver, j'allai passer l'été à la campagne. A mon retour je m'informai d'elle plutôt par curiosité que par aucun intérêt. J'appris qu'elle étoit morte de la petite vérole, qu'on avoit saisi ce qui se trouva chez elle pour les loyers de la boutique, & que la Paroisse avoit pris l'enfant. Un accident si peu attendu me toucha sensiblement. Je conçus même le dessein d'ôter l'enfant de chez la nourrice de Paroisse, & de mettre quelque chose de côté pour lui faire un petit sort, quand elle seroit grande; mais ma paresse & ma nonchalance étoient telles qu'à force de remettre de jour en jour l'exécution de mon projet, je ne m'en souvins plus que foiblement, & qu'enfin, bien loin de sortir de mon engourdissement, je me félicitai au contraire d'être délivré d'un engagement qui m'avoit toujours paru tenir un peu des chaînes du mariage. Je me promis bien de ne plus retomber dans le même inconvénient,

& de changer continuellement d'objets; ce qui étoit plus aisé que dans ma jeunesse, où il falloit chercher de nouveaux visages sous le masque dans le parterre, au-lieu que, depuis vingt ans, ils se montroient à découvert au Wauxhall & dans tous les lieux où il y a des divertissemens publics.

J'avois soixante ans & je venois de célébrer au cabaret avec quelques amis le jour de ma naissance, lorsque retournant chez moi, je vis un carrosse de louage qui arrêtoit à la porte d'une maison mal famée, quoique des moins affichées & des plus distinguées dans son espece. Il sortit de cette voiture une fille qui, autant que je pus l'entrevoir, me parut jeune & belle. Comme j'étois chaud de vin, je la suivis sans balancer; & l'ayant trouvé charmante de près, je l'emmenai dans la même voiture chez un baigneur. Je suis toujours saisi, quand je pense à l'effrayante, mais salutaire révolution qui se fit en moi, lorsque je découvris que c'étoit ma fille, & que je me vis sur le point de commettre un crime qui révolte la nature. Tout ce que je desire actuellement, c'est d'expier le passé. Mais, hélas ! il ne peut me rester que peu d'années à vivre ; &, de tous les momens de celles que j'ai si mal employées, aucun ne peut revenir. Quand je pourrois dédommager ma fille des maux infinis, des humiliations & des injures cruelles qu'elle a soufferts par ma faute, comment réparer le tort que j'ai fait à sa mere & à ceux dont j'ai précipité ou fait persévérer les filles dans un malheur d'où je n'ai tiré la mienne que par miracle ? Comment supporter la réflexion que, tandis que ma fille n'a pas seulement eu de moi l'affection que les bêtes ont pour leurs petits, celles que j'ai rendu criminelles par séduction ou autrement avoient peut-être éprouvé la plus vive tendresse de la part de leurs parens qui les regardoient avec complaisance, qui les embrassoient avec transport, charmés des petits propos qu'elles tenoient dans la simplicité de l'enfance, qui les avoient nourries du travail d'une pauvreté induſtrieuſe, & amenées, à force de ſoins, à ce point de maturité qui devoit décider de leurs eſpérances & de leurs craintes ? Quel monſtre eſt celui qui a juſtifié ces craintes & renversé ces eſpérances ! Malheureux ! — Mais pourquoi me déſeſpérer ? Voudrois-je changer le trouble & le déchirement actuel de mon ame contre l'inſenſibilité dans laquelle une fauſſe Philoſophie m'avoit plongé ? Mes remords ne ſont-ils pas juſtes, & n'approuvé-je pas le chagrin même que j'ai de ma conduite paſſée ? Et tous les plaiſirs que j'ai goûtés dans le vice, peuvent-ils être comparés à ces émotions délicieuſes que ma fille me fait éprouver, qui deviennent de jour en jour plus fortes & plus fréquentes, & qui attacheroient invariablement tous les hommes à la vertu, ſi elles pouvoient la précéder auſſi bien qu'elles la ſuivent ? Graces à Dieu, je ne ſuis point dans la claſſe de ces tyrans cruels, dont un ancien Poëte (*Perſe*) ne demande aux Dieux d'autre vengeance, que de leur montrer la vertu qu'ils ont abandonnée. Ce qui feroit, sans doute, leur principal tourment, c'est qu'ils ne verroient en elle qu'une ennemie implacable dont le ressentiment n'a pas plus de bornes que n'en avoit leur méchanceté. Mais ma vie, quoique passée dans un déréglement continuel, n'est pas, comme la leur, un tissu d'abominations & de forfaits qu'on ne pardonne point : je puis donc encore envisager la vertu sans désespoir ; je puis encore me réconcilier avec elle, & c'est à ce but que vont tendre désormais tous mes efforts & tous mes vœux.

EXTRAIT

D'un Livre Anglois, intitulé : l'IMBÉCILE DE QUALITÉ.

RICHARD, Comte de Moreland, avoit un frere nommé Henry, plus jeune que lui de sept ans. Leur pere, qui fut enlevé de bonheur sous le regne de Charles I, laissa vingt-mille liv. sterling de rente à l'aîné, pour soutenir le nom & l'honneur de la famille, & quoiqu'il n'aimât pas moins le cadet, il ne lui en laissa que douze-mille une fois payées. Il nomma son beau-frere, M. Goodals, son executeur testamentaire & tuteur de ses enfans. Celui-ci les fit élever conformément à la différence de leur fortune & de la perspective que leur offroit l'avenir. Quand ils furent en âge, il envoya Richard faire le tour de l'Europe avec un Gouverneur, & mit

Henry chez un fameux Négociant de Londres.

Pendant les voyages de l'un & l'apprentiſſage de l'autre, arriverent les troubles ſuivis de la mort de Charles I, & de la Régence de Cromwel. Heureuſement pour les Morelands, ils n'étoient pas dans le cas de prendre parti dans la querelle.

Richard revint en Angleterre quelque temps avant la reſtauration. A ſon débarquement, il s'informa de ſon frere. On lui dit qu'il venoit de ſe marier, & qu'il étoit abſorbé dans les affaires du Commerce. Plein de mépris pour ce qu'on appelle Bourgeois & Négocians, il ne pouſſa pas l'intérêt ni la curioſité plus loin.

Comme ſon humeur n'étoit pas moins oppoſée au ton de rigoriſme; d'hypocriſie & de fanatiſme qui regnoit alors, qu'à la vie monotone & appliquée des Citoyens induſtrieux, il ſe retira prudemment dans le bien de ſes peres, où il paſſa ſon temps de la maniere qu'il jugeoit la plus convenable à un jeune Seigneur, c'eſt-à-dire, dans les nobles amuſemens que procurent le vin, les femmes, la chaſſe & les chevaux; &, au grand regret des bonnes ames qui prêchent toujours pour les mœurs publiques, il ſervoit de modele à toute la jeune Nobleſſe de ſon voiſinage.

A la reſtauration de Sa Majeſté, de joyeuſe mémoire, il ſe rendit promptement à la Cour. Il ſe trouva là dans ſon véritable élément. Il étoit de toutes les parties du Roi, de Rocheſter & de tous les agréables de ce temps, qui, par leur eſprit & leur belle humeur, avoient trouvé le ſecret de rendre le vice aimable & la vertu ridicule.

Vers la fin de ce regne gaillard, il reçut de la nature quelques avertiſſemens qui lui annonçoient que ſes forces & ſa vigueur n'étoient pas inépuiſables. Ces avis furent ſi ſérieux, qu'il ne put leur refuſer ſon attention. Il réfléchit ſur lui-même, & il dit: Je vois que je ne ſuis plus jeune par les années, je ſens que je ſuis déjà vieux par le grand uſage que j'ai fait d'un excellent tempérament. Ma fortune eſt encore plus délabrée que ma ſanté; car je ſuis noyé de dettes. Je n'ai qu'un expédient pour me tirer d'embarras ; c'eſt d'épouſer une riche héritiere. Il n'y a pas de temps à perdre. J'ai fait juſqu'à préſent du mariage l'objet de mes plaiſanteries ; on ſe moquera de moi, comme je me ſuis moqué des autres. Au fond, c'eſt une juſtice. Mais qu'importe ? Ce ſera bien pis, ſi je ne rétablis pas mes affaires.

Pleinement converti par la force de ces raiſonnemens, il prit bientôt une femme qui avoit beſoin d'un titre, & qui, en échange de celui de Comteſſe qu'elle en reçut, lui apporta cent mille livres ſterling, dont il avoit beſoin.

Pour ſe ſouſtraire aux mauvais propos, il s'exila volontairement avec elle dans ſes terres. Dès la premiere année de ſon mariage, il eut un fils.

C'eſt, comme on ſait, la plus grande bénédiction dont le Ciel puiſſe favoriſer un homme qui joint l'opulence à un grand nom. La plupart de ceux qui jouiſſent de ces avantagas n'ayant, dans leur propre opinion, d'exiſtence & de valeur que par eux, ils en regardent la perte comme une eſpece d'anéantiſſement, & la conſervation dans leurs enfans, comme une eſpece d'immortalité. Quoi qu'il en ſoit de ce bonheur, il fut encore plus aſſuré, l'année ſuivante, à Richard, par la naiſſance d'un ſecond fils. Son goût pour la prodigalité, les plaiſirs bruyans & le libertinage étoient paſſés, ſa maiſon, compoſée de domeſtiques fideles & entendus, ſa table ſomptueuſe, ſa femme complaiſante, ſes parens, ſes voiſins, ſes amis remplis d'égards pour lui, tout ſembloit conſpirer à le faire vivre délicieuſement. Cependant il s'ennuyoit preſqu'autant qu'un Miniſtre diſgracié ; il ne ſavoit à quoi s'en prendre. Il ne concevoit pas qu'il y eût, pour être heureux, d'autres moyens que ceux qu'il avoit en ſa puiſſance ; il obſervoit que tous ceux qui l'environnoient, n'en concevoient pas d'autres non plus, puiſque ſon ſort leur paroiſſoit digne d'envie ; &, tant de ſa propre opinion que de la leur & de celle de tout le monde, il concluoit triſtement qu'il étoit impoſſible de goûter ſur la terre un véritable bonheur.

Il y avoit, parmi ceux qui venoient le voir, un honnête-homme, appellé Gilot, doué d'une phyſionomie ſpirituelle & d'un caractere plutôt gai que férieux. Il étoit ſimple, modeſte & poli, parloit à propos, ne diſoit rien que d'obligeant, d'agréable ou de ſenſé, ne faiſoit ni le Philoſophe, ni le bel-eſprit, & paroiſſoit toujours content, ſoit qu'on ne fît pas d'attention à lui, ſoit qu'il eût occaſion de ſe mêler dans les entretiens, & de contribuer au plaiſir de la compagnie.

Un jour qu'il étoit ſeul d'étranger à la table du Comte, il charma ſes nobles hôtes par ſes diſcours & ſes manieres. On eût dit que le bon-sens & l'honnêteté lui étoient aussi naturels, qu'il l'est de boire & de manger.

La Comtesse s'étant retirée à la fin du repas avec ses enfans, le Comte & lui resterent vis-à-vis d'une bouteille de vin. Le Comte, enchanté de son convive, & devenu plus entrant dans ce moment de liberté & de confiance, lui adressa la parole en ces termes :

Je serois flatté, dit-il, en lui prenant cordialement la main, de me lier plus particulierement avec vous, & j'aurois grand intérêt à vous faire quelques questions, si je croyois qu'elles ne dussent pas vous déplaire. Je voudrois vous demander, par exemple, s'il ne vous manque rien du côté de la fortune. — Rien, Mylord. — Ma n'en souhaiteriez-vous pas plus que vous n'en avez, ne seriez-vous pas bien-aise de pouvoir faire plus de bien ? — Non, Mylord. Je ne saurois dire que je le souhaiterois. J'ai plus de sept-cents livres sterling de rente, charges déduites ; c'est quatorze fois plus qu'il ne m'en faut pour mes besoins. A l'égard de ceux des autres, s'ils m'ont fait desirer quelquefois d'être plus riche, c'est un souhait aussi rare & aussi passager que l'occasion de le former. Je sais que bien des gens autorisent l'ambition qu'ils témoignent d'être riches & puissans, par la raison qu'ils seroient plus en état de suivre leurs inclinations bienfaisantes. S'ils sont charitables & généreux de ce qu'ils ont déjà, je ne doute pas de la sincérité de leur motif; mais je crois qu'ils se trompent sur la possibilité d'atteindre au but qu'ils se proposent, parce que tout l'or du Pérou ne suffiroit pas aux bonnes actions qui sont à faire.

LE COMTE. Vous dire que je suis fâché de votre prospérité, ce seroit un fort mauvais compliment; cependant je sens que, si vous étiez à l'étroit, j'aurois une satisfaction que je n'ai pas, celle de vous obliger & de vous servir. J'ai besoin d'un ami & d'un ami tel que vous; &, quoi qu'il m'en coûtât pour l'acquérir, je ne croirois jamais le payer trop cher.

M. GILOT. Je ſuis le vôtre, Milord, ſans gages & ſans conditions; je le ſuis par une affection libre & ſincere.

LE COMTE. Je vais donc vous traiter comme tel, en vous ouvrant mon cœur. Le monde me croit le plus heureux des hommes. Perſonne ne paroît plus favoriſé que moi du côté de la famille, des amis, de la ſanté, des honneurs, de l'abondance & de la facilité à ſatisfaire tous les deſirs que la fantaiſie humaine peut ſuggérer. Mais hélas! que mes propres ſentimens ſont éloignés de confirmer ce jugement du Public! Je ſuis d'autant plus à plaindre, que l'ennui me pourſuit au milieu de tous les avantages qu'on regarde comme des préſervatifs ou des remedes pour le chaſſer ou s'en garantir. Si je ne prenois habituellement ſur moi, je ſerois un maître injuſte, un pere dur, un mari fâcheux, un voiſin à fuir, & un homme inſupportable à tout le monde. Je me contrains & je me cache, comme ſi j'étois attaqué d'une maladie honteuſe : & en effet, n'en eſt-ce pas une, que d'avoir tout, & ne ſavoir jouir de rien ? Ce moment eſt un des plus doux que j'aie paſſés depuis long-temps. Il ſemble que je reſpire plus à mon aiſe, depuis que mon cœur s'eſt ouvert à l'amitié que vous m'avez inſpirée, & à la confiance que j'ai priſe dans les avis & la conſolation que j'attends de vous.

Lorſque je réfléchis ſur ma vie paſſée, j'y vois bien des choſes qui excitent mon repentir, & rien qui ne me donne des regrets. Ce n'eſt pas que je deſire le retour des vains plaiſirs après leſquels je courois, & que je mépriſe actuellement ; ni le retour impoſſible de tant d'années que j'ai employées d'une maniere que la vertu & le ſens-commun réprouvent également : mais je me vois arrivé au déclin de ma vie, préciſément comme un chaſſeur qui revient chez lui les mains vuides, haraſſé de fatigue & plein de chagrin d'avoir battu les champs toute la journée, ſans rapporter une ſeule piece de gibier. Car, avec tous les moyens de contenter ma vanité, mes paſſions & mes caprices, je ne puis me flatter d'avoir goûté un ſeul vrai plaiſir, & je reconnois à préſent que, ſi je n'ai point été miſérable, je le dois uniquement à l'ivreſſe, au tourbillon, à la folie dans leſquels j'ai vécu.

Né avec des titres & de grands biens, les autres reſpectoient en moi la poſſeſſion de ces objets qu'ils pourſuivent avec ardeur. Par le privilége attaché à ma naiſſance & à ma fortune, je fus livré à des ames baſſes, & entouré de fourbes & de coquins de toute eſpece. Expoſé ainſi dès mon enfance à ne recevoir que des impreſſions vicieuſes, & à ne faire que de fauſſes comparaiſons de moi-même avec les autres, je ne pouvois connoître les obligations & les devoirs que j'avois à remplir dans la ſociété. Je n'eſtimois les perſonnes & les choſes que ſur un tarif plein d'erreurs, &

j'étois toujours à cent lieues de la position ou du point de vue où il falloit me mettre pour en juger ſainement. Mes diſpoſitions naturelles n'étoient point mauvaiſes. Mais j'étois continuellement détourné de ſuivre mes meilleurs penchans.

Mon pere & ma mere moururent avant que je fuſſe majeur. Je n'avois qu'un frere. Oh ! que ce frere m'a coûté de ſoupirs ! Il étoit plus jeune que moi de ſept ans, & cette inégalité d'âge, jointe à l'orgueil de mon droit d'aineſſe, me fit prendre à ſon égard les airs d'autorité d'un pere, ſans en avoir la tendreſſe. Mes procédés le révolterent, comme de raiſon, & prévinrent, de part & d'autre, la cordialité qui devroit unir des freres, du moins pendant leur minorité. Lorſque notre tuteur l'eut mis dans l'apprentiſſage du commerce, je le regardois comme une branche coupée du tronc de la famille ; & mes idées, au ſujet du tort que cette dégradation lui faiſoit, ſe trouvant accompagnées de froideur ou de dégoût, je l'oubliai jusqu'au point de n'en pas demander seulement la moindre nouvelle.

J'ai lieu de croire qu'il n'étoit pas si dénaturé que moi, mais qu'apprenant la vie dissolue que je menois au retour de mes voyages, il peut m'avoir considéré très-justement comme indigne de son attention, sur-tout après l'aventure que je vais vous raconter.

Durant mon intimité avec le feu Roi & ceux qui étoient encore plus les Ministres de ses plaisirs que des affaires, un valet vint me dire qu'un Gentilhomme, accompagné de nombre de Bourgeois les plus notables, attendoit dans mon antichambre. Je donnai ordre aussitôt qu'on les fît entrer.

Lorsqu'on les introduisit, je fus frappé de l'air imposant de leur Chef, de la beauté de sa physionomie, de la noblesse de son maintien & des graces de son abord. Je me sentis attiré vers lui par une espece d'instinct & d'affection subite.

Milord, me dit-il, nous nous

adreſſons à vous au nom du Corps reſpectable des Bourgeois de Londres. Il a été donné dernierement quelques atteintes à leur Chartre de Bourgeoiſie, & ils ont recours à votre grandeur pour le redreſſement de leurs griefs, parce qu'ils aiment mieux vous en avoir obligation qu'à tout autre.

Ils ont été fort bien aviſés, lui répondis-je, dans le choix de leur Avocat, & il faut que leurs prétentions ſoient bien exorbitantes, ſi, vous ayant pour ſolliciteur, ils n'obtiennent pas ce qu'ils deſirent.

Ce mémoire, reprit-il, contient un expoſé clair de leurs droits & des uſurpations par leſquelles on a empiété ſur eux. Ils connoiſſent le crédit que vous avez auprès du Roi & dans le Miniſtere, & ils vous prient humblement de l'employer en leur faveur.

Je n'ai beſoin, repartis-je, ni de mémoire, ni d'autre motif que votre recommandation; dites-moi ſeulement ce que j'ai à faire; ce ſera pour moi un honneur & un plaiſir que d'exécuter vos ordres.

Milord, repliqua-t-il, je ne veux pas vous induire en erreur, ni abuser d'une complaisance que je ne mérite pas. Vous me prenez vraisemblablement pour un autre. Je ne suis qu'un Marchand, un simple Bourgeois.

A cette déclaration je rougis sottement de honte & de dépit d'avoir été la dupe des apparences. Je fus sur-tout piqué d'un sourire malin dont il l'avoit accompagnée. Tout déconcerté, je baissai les yeux & j'affectai de les jetter sur le mémoire pour sauver mon embarras. Je marmotai quelques mots en l'air, tels que ceux de chartre, de concessions, de priviléges, d'immunités, &c. Et mon verbiage m'ayant donné le temps de me remettre à-peu-près dans mon assiette, je dis à l'Orateur : Je ne suis point ennemi des classes d'hommes inférieures. Il faut que le pauvre peuple vive ; leur service, comme leur subordination, est nécessaire à la société. Mais j'avoue que j'ai toujours été partisan de ces Loix somptuaires qui renferment chacun dans sa sphere, & qui empêchent que les artisans ne se confondent avec les Gentilshommes.

Milord, me répondit-il d'un air tranquille & dégagé, quand il vous plaira de descendre de la supériorité de votre rang pour considérer les choses suivant leur valeur réelle, vous ne mépriserez pas les gens, précisément parce qu'ils sont utiles aux autres.

Les richesses, la prospérité, la grandeur de ce monde, continua-t-il, portent absolument sur trois colonnes; savoir le Laboureur, le Manufacturier & le Marchand. De ces trois, le premier est censé le moins respectable, parce qu'il lui faut moins de génie, d'invention & d'adresse. Cependant le Laboureur Triptoleme n'a pas laissé d'être adoré comme un Dieu, & le Laboureur Cincinnatus est encore aussi estimé qu'aucun Pair de quelque Royaume que ce soit, excepté ceux de la Grande Bretagne.

J'ai connu, lui dis-je, une populace de ces Dieux & de ces Dictateurs, qui, en en certain temps, n'a pas laiſſé d'être un peu dangereuſe. Apprenez, mon ami, que la face du genre humain eſt bien changée depuis que les Princeſſes gardoient les moutons, & que les fils des Rois gardoient les vaches. Aujourd'hui les rangs ſont déterminés & connus ; & il ne convient pas que ceux qui ſont au-deſſous aient la préſomption de s'égaler à ceux qui ſont au-deſſus. Mon Boulanger, mon Barbier, mon Braſſeur, mon Boucher, mon Bonnetier, mon Marchand de draps, ſont, ſans contredit, des gens utiles ; mais je n'ai pas l'honneur de les connoître, & juſqu'ici j'ai cru qu'il ſuffiſoit de leur envoyer mes domeſtiques pour leur parler & les payer, ſans les admettre en tête-à-tête, comme je fais à préſent.

Il me répondit avec un peu de chaleur : Mylord, nous vous pardonnons cette malhonnêteté en conſidération de la foibleſſe qui rend les hommes ſuſceptibles de toutes ſortes de préjugés. C'en eſt un qui vous fait penſer

& parler d'une maniere si désobligeante. Le respectable Corps que vous voyez ici peut être admis en tête-à-tête avec le premier État du Royaume, sans aucune condescendance de la part de ceux qui le composent, & sans qu'ils compromettent ni leur dignité, ni leur majesté. Si vous vouliez souffrir d'être mieux informé, je vous ferois sentir à l'instant, qu'en vous rendant cette visite, nous vous avons fait tout l'honneur que nous entendions vous faire.

Permettez-moi de vous dire que notre profession mérite une considération particuliere par la grandeur & l'étendue de son influence. Elle fournit toutes les douceurs, les commodités & les agrémens de la vie, débarrasse de tout le superflu, pourvoit à tous les besoins, rapproche les Pays & les Climats les plus éloignés & les plus contraires, & fait de leurs habitans des voisins & des amis. C'est elle qui établit, à la lettre, le domaine de l'homme sur toute la terre, qui lui donne un intérêt dans tout ce qui s'y fait, qui met à la portée de chaque Particulier les productions de tout le Globe, & les fruits de l'induſtrie de tous les Peuples du monde ; qui rétablit l'affinité & la fraternité originaires entre les hommes, & qui ne fait du genre humain diſperſé qu'une ſeule & immenſe famille.

L'avarice peut entaſſer, continua-t-il, le brigandage peut piller, de nouvelles mines peuvent s'ouvrir, de nouveaux tréſors être découverts, de nouveaux Royaumes être conquis ; mais tous ces moyens d'acquérir des richeſſes ſont paſſagers & bornés. Il n'y a que l'induſtrie & le commerce qui ſoient les ſources naturelles, vives & intariſſables du bonheur & de la proſpérité de ce monde.

Comment, m'écriai-je, impatienté de ce diſcours, comment avez-vous l'effronterie d'inſinuer que vous vous préférez à vos Concitoyens, aux Nobles & aux Princes du Royaume qui tiennent leur rang & leur pouvoir de l'immobilité & de l'étendue des terres qu'ils possedent ? Est-ce par des échanges & des marchés que nos Edouards & nos Henris se sont signalés sur le Continent ? Est-ce des colporteurs & des artisans qui ont immortalisé les champs de Crécy, de Poitiers, d'Azincourt ? Allez, poursuivis-je, allez chercher ailleurs satisfaction sur vos plats griefs. Nous pouvons donner quelque chose à des mendians valides, mais rien à d'insolens rivaux.

Outré de cette invective, il me lança un regard fier & menaçant, & prenant un ton févere qui marquoit autant de mépris que d'indignation : Quand les Courtisans, dit-il, auront le sens-commun, il y en a tel parmi eux à qui je ferai l'honneur de l'avouer pour mon frere. En même temps il me tourna le dos, & sortit avec sa Compagnie.

M. GILOT. Voilà effectivement une aventure bien extraordinaire.

LE COMTE. J'aurois dû le suivre, l'arrêter, lui sauter au cou, lui demander pardon par mes larmes & mes caresses, & ne pas le quitter qu'il ne me l'eût accordé. Ce fut en effet mon premier mouvement. Mais l'idée de l'avoir négligé si long-temps & si indécemment, l'indifférence, ou plutôt le mépris que j'avois témoigné pour sa personne & tout ce qui le concernoit; & par-dessus tout l'insulte que je venois de lui faire, me persuaderent que de son côté la réconciliation étoit impossible.

Je restai confus & extrêmement agité. Je sentis avec quel transport de plaisir & même de vanité, j'aurois reconnu, fêté, embrassé ce cher frere; mais mon imagination me le représentoit dans mes bras comme un homme tout de glace, ou qui rejetteroit, avec dédain, mes excuses & mes avances. Je faisois cent projets pour regagner son affection, cent fois j'y revenois, cent fois je les abandonnois; je me reprochois la hauteur & la dureté avec lesquelles je l'avois traité, les emportemens orgueilleux que j'avois suivis préférablement à l'impression favorable

& extraordinaire qu'il m'avoit faite, les injures que je lui avois rendues pour ses raisons, tandis que j'aurois pu soutenir honnêtement les droits de la Noblesse par d'autres raisons solides qui me venoient dans l'esprit après coup, & qui m'avoient fui dans le moment, parce que j'avois manqué de sang-froid & de modération, le déshonneur que je m'étois fait dans l'esprit des intéressés, enfin l'imprudence d'avoir aliéné de moi le cœur de ces honnêtes Citoyens, tandis qu'ils recherchoient mon amitié, & qu'ils me donnoient une si belle occasion de mériter la leur. Mais ce qui m'affectoit le plus, c'étoit d'avoir éloigné de moi, peut-être pour jamais, la personne du monde qui avoit le plus de droit à mon affection, & vraisemblablement à mon estime. En vain, pour me consoler de sa perte, m'efforçois-je de me le peindre comme un homme excessivement fier & présomptueux, je ne pouvois me dissimuler qu'il étoit aimable de sa personne, que la fierté que je voulois lui trouver, n'étoit qu'un juſte ſentiment de l'égalité que la nature met entre les hommes en général, & plus particulierement entre deux freres, & que du reſte il valoit mieux que moi par ſes manieres & ſes talens.

Je gardai ma chambre toute la journée, plein d'humeur contre moi-même & contre tout le monde. J'appris le lendemain, qu'au moment où il m'avoit quitté, il avoit été chez le Miniſtre, qu'il en avoit eu tout ce qu'il demandoit; que le Miniſtre l'avoit enſuite préſenté au lever du Roi, que Sa Majeſté lui avoit parlé long-temps & familierement, & que toute la Cour retentiſſoit de l'admiration qu'on y avoit conçue, & des applaudiſſemens qu'on y donnoit à M. Clinton.

Ce fut, ſans doute, un nouveau ſujet de triomphe pour lui, comme c'en étoit un de mortification pour moi. Il étoit évident actuellement qu'il ne s'étoit adreſſé à moi que pour me faire honneur; & qu'ainſi je m'étois conduit d'une maniere tout-à-fait abſurde. Cependant quand je ſus qu'il n'avoit pas daigné dire ſeulement que j'étois ſon frere, je négligeai, de mon côté, de dire que j'étois le ſien.

Je pris grand ſoin, depuis ce temps-là, d'écarter ſon ſouvenir, qui me cauſoit des ſenſations déſagréables toutes les fois qu'il me venoit dans l'eſprit. Mais après mon mariage, m'étant retiré du fracas du monde, & la naiſſance de mon fils m'ayant concentré dans mon domeſtique, je paſſai dans une nouvelle ſphere d'idées & de ſentimens. Ce fut alors que le mérite de ce cher frere, & mon démérite, par rapport à lui, ſe reveillerent dans ma mémoire avec une vivacité ſinguliere. Il n'exiſtoit en moi, ni envie, ni reſſentiment; mais des remords tendres, quoique douloureux.

Je lui écrivis une lettre pleine de repentir, de ſoumiſſion, de prieres ferventes & expiatoires pour obtenir mon pardon & ſes bonnes graces; mais hélas! mon Meſſager revint avec la nouvelle qu'il avoit quitté le commerce, depuis quelques années; qu'il s'étoit retiré en France ou en Hollande; qu'il avoit rompu toute correſpondance, & que perſonne en Angleterre ne ſavoit s'il étoit mort ou vivant.

Au chagrin que j'avois déjà, ſe joignirent les plus vives inquiétudes ſur ſon ſort. Lui eſt-il arrivé, diſois-je, quelque revers de fortune, quelque malheur domeſtique, ou quelque accident funeſte? Oh! ſans doute; & j'étois ſon frere, & il devoit me croire indigne de le conſoler & de le ſoulager dans ſes peines. Dans quel abîme de maux ſuis-je peut-être la cauſe qu'il eſt plongé! Qu'il revienne; qu'il partage mon affection; qu'il partage ma fortune avec moi & les miens. Hélas! il ne ſait pas qu'il a un frere qui mérite à préſent d'être avoué de lui; que ce cœur, autrefois ſi dur, eſt rempli de zele & de tendreſſe pour lui. Que dis-je: il me hait, il me mépriſe. Comment le détromper? comment lui faire connoître que ſon image ne m'abandonne pas, & que je l'aime autant que je l'eſtime?

Je dépêchai d'autres Couriers; je m'adreſſai chez l'étranger, aux Banquiers & aux Commerçans les plus célebres; mais toutes mes recherches ne m'apprirent point ce qu'il étoit devenu.

Le peu d'eſpoir de le retrouver, répandit un nuage ſombre ſur tous les objets qui m'environnoient. Je me ſuis cependant fait une raiſon avec le temps, ſur une perte & des torts qu'il ne dépend pas de moi de réparer; mais, au défaut de cette cauſe, il y en a d'autres toujours agiſſantes, qui perpétuent la triſteſſe au fond de mon ame, & qui ſemblent me condamner à une mélancolie éternelle. Il s'en faut du tout que je voye le monde avec les mêmes yeux qu'autrefois. Il n'a plus rien qui tente ma curioſité, ni qui rappelle mes deſirs. Ce que je recherchois avec le plus d'empreſſement, me paroît inſipide ou ridicule; je ne puis ſeulement plus comprendre comment j'y trouvois du plaisir. Si c'est dans le passé que je me regarde, l'idée la plus favorable que j'aie de moi-même, c'est celle d'un fou : si c'est dans le présent, je m'imagine être plus raisonnable ; mais je n'en suis pas plus heureux : si c'est dans l'avenir, je n'y apperçois que la continuation, l'accroissement & les tristes suites de mes dégoûts & de mes ennuis.

M. GILOT. Ne vous découragez pas, Mylord ; le passage de la folie à la raison est une espece de métamorphose, qui ne se fait pas sans qu'on en souffre, sur-tout quand elle arrive tard. Les passions qui ont suivi long-temps une certaine direction, & qui n'ont plus leur cours ordinaire, sont comme la surabondance de sang & d'humeurs dans le sexe au tems de la crise. Elles causent des accidents ; mais quand elles viennent à suivre régulierement une autre direction naturelle, ces accidents cessent, & l'équilibre s'établit.

LE COMTE. Quoi ! vous croyez que je puis être encore heureux ?

M. GILOT. Très-heureux, très-ſolidement heureux.

LE COMTE Et comment cela, je vous prie? S'il y a quelqu'un de ma connoiſſance qui puiſſe ſe flatter de l'être, je croirois que c'eſt vous. Tout votre exterieur annonce que la paix & la ſatisfaction habitent dans votre ame. Apprenez-moi donc cet important ſecret.

M. GILOT. Le voici en deux mots, Mylord; pour être heureux, il faut ſortir, il faut s'éloigner de ſoi-même.

LE COMTE. Sortir de ſoi-même! Les Moraliſtes diſent, au contraire, qu'il faut y rentrer. Je n'ai que trop vécu dans la diſſipation; & ſi c'eſt-là le remede que vous me propoſez, il a perdu pour moi toute ſa vertu.

M. GILOT. Les Moraliſtes ont raiſon de nous exhorter à réfléchir ſur nous-mêmes, à examiner nos penchants & notre propre conduite ſur les regles de la juſtice & des autres vertus, relativement à l'état & aux circonſtances dans leſquelles nous nous trouvons.

C'eſt le ſens de leur maxime, ainſi que du fameux précepte : *Connois-toi toi-même*. Je ſuis donc de leur avis. Mais pour rentrer en ſoi-même avec plaiſir, il faut en ſortir, non par la diſſipation des amuſemens, quoique je ſois bien éloigné de l'interdire abſolument, ni par celle du travail & des affaires, qui doit être généralement recommandée, mais qui n'eſt pas ce que j'entends.

LE COMTE. Ah ! je vois ce que vous voulez dire. N'eſt-ce pas ce que d'autres appellent détachement de ſoi-même ?

M. GILOT. Les mêmes mots n'ont pas la même ſignification dans la bouche de tous ceux qui les emploient ; & j'aime aſſez la remarque d'un Auteur ingénieux, qui dit, que, ſi on vouloit définir ceux que l'on comprend le moins, il faudroit définir ceux dont on ſe ſert le plus. L'expreſſion qui vient de ſe préſenter à votre mémoire, ſuppoſe, par exemple, des idées fort différentes, ſelon qu'elle eſt employée par un Philosophe, un Prédicateur, un Mystique. Je l'adopte volontiers; mais, pour lever toute équivoque, j'entends par-là, & par sortir de soi-même, se proposer dans ses actions une autre fin, une fin plus noble que soi.

LE COMTE. Mais si c'est chose impraticable, & contre nature? J'ai toujours cru que l'amour-propre étoit nécessairement le motif de toutes les actions humaines; & mon opinion est, comme vous ne l'ignorez pas, celle de beaucoup de gens d'esprit.

M. GILOT. Je le sais, Mylord, & j'en suis fâché : car les erreurs des gens d'esprit sont contagieuses. A force de rafiner sur cette matiere, ils ont substitué par-tout la bassesse de l'égoïsme à l'énergie des passions sociales, & ils ont ôté du monde toutes les vertus, comme certains Casuistes en ont ôté tous les péchés. Je ne voudrois cependant pas les accuser d'être les corrupteurs du genre humain, ni de sapper, à petit bruit, les vrais fondemens de la société. Ils n'ont sûrement pas une intention ſi déteſtable; &, quoique leur doctrine paroiſſe tendre naturellement, & par elle-même, au renverſement de la morale, il s'en faut bien que je lui attribue la dépravation des mœurs, & les déſordres dont on ſe plaint. Un pareil ſyſtême n'eût jamais été produit, ſoutenu, ni même inventé à Sparte ou à Rome, dans les beaux tems de la République. Les moyens du deſpotiſme & de la tyrannie n'ont pas pris naiſſance parmi des hommes libres & courageux; ils ne peuvent éclorre & ſe répandre que parmi des ames lâches, abatardies, & dignes de tous les malheurs qu'entraîne la ſervitude. Il en eſt de même des maximes de l'égoïſme, qui n'y ont que trop de rapport. Elles ſont plutôt la ſuite & le réſultat, que le principe & la cauſe de la corruption des mœurs. Auſſi je regarde les diſcours & les écrits faits en leur faveur, comme les manifeſtes des Puiſſances qui ſe déclarent la guerre: ils ne produiſent pas le mal qui vient d'autres cauſes; mais ils l'autoriſent, & le juſtifient.

Ce qui me frappe le plus dans les Partiſans de ces malheureuſes doctrines, c'eſt leur haute imprudence. En faiſant tous leurs efforts pour combattre, les uns la liberté, les autres le déſintéreſſement, ils vont directement contre leur propre intérêt. Ils donnent des verges pour les battre, & des armes pour les mettre en pieces. Les uns s'expoſent de gaieté de cœur à ſouffrir ignominieuſement toutes ſortes d'affronts & de violences, ſans avoir aucun droit de s'en plaindre ; & il ne tient pas aux autres qu'ils ne ſoient privés de tous les avantages de la ſociété. Car dès qu'ils font profeſſion de ne reconnoître pour guide & pour loi, que l'intérêt perſonnel, ils ne peuvent trouver mauvais que chacun cherche le ſien préférablement au leur, & que perſonne n'exerce envers eux les offices de l'amitié, de la reconnoiſſance, de l'humanité, de la généroſité & même de la juſtice. Car enfin, ſuppoſé que tout le monde penſât comme eux & raiſonnât conſéquemment, ſuppoſé que les qualités morales dont je viens de parler passassent généralement pour un amour-propre déguisé, il est évident qu'elles perdroient tout leur mérite aux yeux des hommes & aux yeux de Dieu, & qu'ils ne pourroient plus se savoir aucun gré, ni se flatter qu'on leur eût la moindre obligation du bien qu'ils feroient aux autres, ni du mal qu'ils ne leur feroient pas : or, n'est-ce pas leur ôter le plus grand encouragement qu'ils aient à se respecter & à s'obliger les uns les autres ? Quand les gens seroient dans l'illusion à cet égard, c'est donc une mauvaise politique de ne pas les y laisser, comme c'en est une absurde en certains Gouvernemens, & diamétralement opposée au but qu'ils se proposent, que d'ôter aux Peuples l'opinion de leur liberté, quoiqu'au fond cette liberté ne soit qu'imaginaire.

LE COMTE. Ces raisons paroissent assez plausibles ; mais elles n'attaquent que les dehors de la place.

M. GILOT. Convenez-vous, Mylord,

que les aƈtions ſont regardées, avec juſtice, comme bonnes ou mauvaiſes, louables ou blamâbles ſuivant leurs motifs ?

LE COMTE. J'en conviens.

M. GILOT. Mais ſi toutes ont le même motif, leur diſtinƈtion s'évanouit avec le fondement de l'approbation & du blâme. Le caraƈtere cruel & le caraƈtere humain, le traître & l'ami fidele, le fourbe & l'homme vrai ſont confondus.

LE COMTE. Ce n'eſt encore là qu'une conſéquence odieuſe du ſyſtême que vous attaquez. Je voudrois des preuves plus direƈtes ; je voudrois des faits qui en démontraſſent la fauſſeté.

M. GILOT. Fort bien Mylord. Je vais tâcher de vous ſatisfaire. Toute la difficulté eſt de ſe garantir ici d'un ſophiſme très-ordinaire, qui conſiſte à prendre pour la cauſe d'un effet un autre effet qui en paroît inſéparable. On a obſervé que la ſatisfaƈtion de nos beſoins, de nos paſſions, de nos deſirs eſt toujours accompagnée de plaisir. On a conclu de-là que l'amour du plaisir étoit l'unique ressort qui nous faisoit mouvoir ; &, parce que ces deux choses vont toujours ensemble, on a dit, pour la commodité d'expliquer tout à la fois, que l'une étoit la cause de l'autre. On s'est trompé. Ce sont des ressorts invisibles & inconnus qui produisent nos passions, qui seroient plutôt la cause que l'effet du plaisir ; car nous ne savons pas où nos premieres impulsions nous menent, & ce n'est que par expérience que nous apprenons si c'est au plaisir ou à la douleur. Il faut commencer par boire & manger pour connoître le plaisir attaché à ces fonctions animales.

Je dis donc, Mylord, que le plaisir n'est qu'un effet, & ne peut être originairement la cause, le principe ou le motif d'aucune action. C'est une sensation agréable qui naît de la rencontre, de la comtemplation, de la jouissance d'un objet. Une fois goûté, l'idée & le souvenir qui nous en reste, l'espérance & l'envie de le goûter de nouveau peuvent bien nous rappeller vers l'objet qui nous l'a occaſionné, ou vers quelqu'autre de la même eſpece que nous croyons propre à nous le procurer ; dans ce cas, je l'avoue, il eſt la fin qu'on ſe propoſe, mais il ne l'eſt pas dans tous les autres.

LE COMTE. Je n'ai rien à oppoſer à ce raiſonnement, qui touche le nœud de l'affaire. Cependant, je ne puis encore concevoir que l'homme ne ſoit pas intéreſſé dans tout ce qu'il fait, ſoit pour lui-même, ſoit pour ou contre les autres.

M. GILOT. Je ne le conçois pas non plus, Mylord. Mais la queſtion eſt de ſavoir, s'il ſe propoſe toujours cet intérêt, ce plaiſir perſonnel attaché à l'accompliſſement de tous ſes deſirs. Pour moi, je ſuis perſuadé que ſouvent il ſe propoſe uniquement & immédiatement le plaiſir & l'intérêt d'autrui.

Lorſque Damon fut condamné à mort par Denys le Tyran, comme il y avoit quelque temps entre le jour où la Sentence fut portée & le jour marqué pour l'exécution, il demanda la permiſſion de profiter de cet intervalle pour aller dans ſon Pays arranger les affaires de ſa famille déſolée. Le Tyran y conſentit en apparence ; mais, très-éloigné de lui faire aucune grace, il mit à celle-ci une condition qu'il jugeoit impoſſible ; c'étoit que Damon fournît un ôtage qui répondroit de ſon retour ſur ſa propre tête. Pythias, qui étoit préſent & ami de Damon, n'attendit pas que celui-ci le prévînt ; il s'offrit de lui-même avec empreſſement, ſe conſtitua priſonnier, & Damon fut mis en liberté.

Le Roi & ſes Courtiſans furent étonnés de cette démarche de Pythias, qu'ils ne pouvoient expliquer par aucun des principes connus & reçus à la Cour.

Selon eux, l'intérêt perſonnel étoit le ſeul mobile des affaires humaines, & ils regardoient la vertu, l'amitié, la bienveuillance, &c. comme des termes inventés par les gens habiles pour tromper les foibles & les sots. Ils n'avoient donc garde d'imputer l'action de Pythias à aucun motif raisonnable ou vertueux ; ils en parloient hautement comme d'un trait d'imbécillité, ou comme du comble de l'extravagance.

Le jour de l'exécution approchant, le Tyran eut la curiosité d'aller voir Pythias dans sa prison ; il lui reprocha la stupidité incompréhensible de sa conduite, & le railla inhumainement sur la simplicité qu'il avoit eue de croire que Damon reviendroit, & se montreroit par-là tout aussi fou que lui. Sire, lui dit Pythias, d'une voix ferme, s'il m'étoit possible, j'aimerois mieux souffrir mille morts que de voir mon ami manquer à son honneur. Il reviendra, Sire ; je suis aussi sûr de sa fidélité que de mon existence : mais je supplie ardemment les Dieux qu'ils lui conservent à la fois sa vie & sa vertu. O vents secourables ! s'écria-t-il, opposez-vous à son retour ; arrêtez son empressement & son impatience, combattez ſes généreux efforts, & ne ſouffrez pas qu'il arrive, juſqu'à ce que ma mort ait racheté ſa vie, mille fois plus importante & plus précieuſe que la mienne, pour ſa tendre épouſe, ſes enfans chéris, ſes amis & ſa Patrie. Épargnez-moi la mort la plus cruelle dans celle de mon cher Damon.

Denys étoit frappé, confondu de la dignité de ces ſentimens, & de la maniere expreſſive & énergique dont ils étoient rendus. Il ſentit dans ſon cœur de légers mouvemens cauſés par les approches de la vérité, qui vouloit s'en emparer ; mais ils ſervirent plutôt à le jetter dans une eſpece de perplexité qu'à le tirer d'erreur. Il héſita, voulut parler, promena ſes regards autour de lui, & ſe retira en ſilence.

Le jour fatal arrivé, Pythias fut tiré de ſa priſon, & marcha au milieu des Gardes, avec un air ſérieux, mais content, au lieu de ſon ſupplice.

Denis y étoit déja. Il étoit monté ſur un trône mobile traîné par ſix chevaux blancs. Il paroiſſoit rêveur, & tout occupé de la maniere dont ſe comporteroit le priſonnier ; toute la Cour s'y étoit rendue, & le peuple y accouroit en foule, parce que tout le monde vouloit être témoin d'un ſpectacle ſi extraordinaire.

Pythias, parvenu à l'endroit de l'exécution, monte légerement ſur l'échaffaud. Il regarde un moment les préparatifs de ſa mort, & ſe tournant vers le peuple, avec un viſage ſerein & une contenance agréable : mes vœux ſont exaucés, s'écria-t-il, & les Dieux me ſont propices. Vous ſavez, mes amis, que les vents n'ont ceſſé qu'hier d'être contraires. Damon n'a pu revenir ; il n'a pu vaincre des obſtacles inſurmontables. Il ſera ici demain, & le ſang que je vais répandre ſera la rançon de mon ami. Oh ! s'il m'étoit poſſible de vous ôter tout doute & tout ſoupçon injurieux à l'honneur de celui dont je prends la place, je me préſenterois à la mort comme à mon feſtin nuptial. Mais,

vous

vous aurez bientôt la certitude que je ne puis vous donner encore ; mon ami sera trouvé noble, vrai, irreprochable. Il ne tient pas à lui que l'évènement ne confirme ce que je vous en dis. Il est en chemin, il accourt, il vôle, il accuse les Élémens, les Dieux & lui-même de sa lenteur. Mais je me hâte de prévenir sa diligence. Exécuteur, faites votre office.

Comme il prononçoit ces dernieres paroles, un murmure s'éleve parmi les plus éloignés des assistans. Une voix s'étoit fait entendre de loin. Ceux qui en étoient à portée répetent ce qu'ils entendent, & on crie de toute part de suspendre l'exécution. Paroît un homme sur un cheval tout blanc d'écume ; il arrive avec la rapidité d'un éclair. La foule se fend pour lui ouvrir un passage ; il pénetre jusqu'à l'échaffaud, & en un clin-d'œil il est à bas de son cheval & dans les bras de Pythias, qu'il serre étroitement.

Vous êtes sauvé, s'écrie-t-il, vous êtes sauvé. Mon ami, mon bien-aimé, vous êtes hors de danger. Les Dieux ſoient loués. Je n'ai plus rien à faire qu'à mourir, & me voilà délivré de ces reproches cuiſants que je me faiſois d'avoir mis en péril une vie qui m'eſt beaucoup plus chere que la mienne.

Pâle, froid, interdit, dans les bras de ſon cher Damon, Pythias répond d'une voix entrecoupée : Fatale précipitation !—Cruelle impatience.—Quelles ſont les puiſſances ennemies qui m'arrachent à un bonheur unique, au moment où j'allois en jouir ?— Mais je ne le perdrai pas entierement.— Puiſque je n'ai pas la ſatisfaction de mourir pour vous, je n'aurai pas le chagrin de vous ſurvivre.

Denys entendoit, voyoit & conſidéroit cette ſcene avec étonnement. L'attendriſſement fut univerſel. Le cœur même du Tyran en fut touché. Ses yeux s'ouvrirent, & il ne put réſiſter plus long-temps à des vérités démontrées par les faits d'une maniere ſi éclatante & ſi inconteſtable.

Il deſcend de ſon trône, & monte

ſur l'échaffaud. Vivez, s'écria-t-il; vivez, couple incomparable. Vous avez rendu le témoignage le plus authentique, le plus glorieux & le plus frappant à l'exiſtence de la vertu & à celle de la providence, qui ſeule peut la récompenſer dignement; vivez heureux & triomphans, illuſtres Compagnons, & achevez en moi votre ouvrage. Apprenez-moi, par vos préceptes, comme vous m'avez invité par votre exemple, à me rendre digne de la participation d'une amitié ſi pure & ſi ſacrée.

LE COMTE. Je ſuis charmé que vous m'ayez rappellé cette Hiſtoire. Mon cœur, échauffé par votre récit, entroit dans l'héroïque généroſité des deux Contendans; &, en me faiſant éprouver les ſentimens mêmes dont l'exiſtence étoit en diſpute, vous m'avez montré comment on éclaire l'eſprit par le cœur. Continuez, mon cher Maître, à me développer vos idées, je ſuis ravi de vous entendre.

M. GILOT. Vous ſavez, Mylord,

que chaque particule de matiere a ſon identité, qui la rend diſtincte de toute autre. Tant qu'elle demeure dans ſon état de diſtinction & de ſéparation abſolue, elle eſt inutile, & exiſte par rapport au reſte de l'univers, comme ſi elle n'exiſtoit pas. Elle a cependant un principe d'attraction par lequel elle s'efforce d'attirer à ſoi les facultés & les avantages de toutes les autres parties de la matiere. Mais lorſqu'une certaine quantité de ces parties diſtinctes ſe trouve réunie & organiſée par la ſuprême intelligence, de maniere à former un animal ou une plante, ce principe d'attraction eſt abſorbé, chaque partie ſort & ſe détache, pour ainſi dire, d'elle-même; elle tourne & applique ſes facultés au bénéfice & au profit du tout, & c'eſt alors qu'elle eſt capable de prendre une forme, des couleurs & de la beauté, qu'elle devient odoriférante & qu'elle ſe charge de fleurs & de fruits.

Cette opération dans l'ordre matériel repréſente ce qui ſe paſſe dans l'ordre moral. Un homme iſolé n'eſt bon à rien, ne produit rien. Il existe, par rapport aux autres, comme s'il n'existoit pas. Il a un principe qui répond à l'attraction, par lequel *il* s'efforce d'englober tout ce qui est à sa bienséance ; mais, tant qu'il persévere dans cet état, rien de plus borné, & de plus imparfait que lui. Qu'un nombre d'hommes soit réuni en corps, ce principe dans les individus qui le composent doit être absorbé ; il faut que chacun d'eux soit, pour ainsi dire, attiré hors de lui-même, pour concourir au bien du tout ; & c'est alors, c'est seulement alors qu'il est capable de perfection & de bonheur.

A la vérité, il arrive souvent que, par la constitution même d'une Société, chaque membre concourt au bien du tout, sans le savoir & sans le vouloir ; mais, s'il n'y contribue que matériellement, il est sensible que son action n'a pas la même énergie ni le même effet, sur-tout par rapport à lui, que si elle étoit volontaire : car elle ne peut être ſuivie de cette douce & délicieuſe réaction, qui fait la récompenſe de la vertu.

Dites-moi, Mylord, peut-il y avoir ici-bas de contentement ſupérieur à celui de ces deux illuſtres amis, Damon & Pythias, à celui d'un Régulus, des Décius, d'un Léonidas & des trois-cents Spartiates qui combattirent avec lui, du brave Saint-Pierre & de ces autres Bourgeois de Calais, qui, du tems de notre Edouard III, ſe dévouerent ſi généreuſement pour leurs Concitoyens? Non, Mylord, il n'eſt pas poſſible d'imaginer une ſatisfaction plus complette & plus aſſurée que celle que la vertu fait tirer du ſein même de la douleur & de la mort; & c'eſt ainſi que dans ſon triomphe ſe trouve en même temps le comble du bonheur.

LE COMTE. La conduite de ces grands hommes a véritablement quelque choſe d'enchanteur & de divin, qui fait que tout le monde voudroit bien leur reſſembler dans l'occaſion; mais ces occaſions ſont rares; & c'eſt parce qu'elles ſont rares & glorieuſes qu'elles excitent dans une belle ame cet enthouſiaſme ſublime qui la tranſporte hors d'elle-même, & lui fait oublier ſes plus grands intérêts pour l'intérêt des autres.

M. GILOT. Si la nature humaine exaltée peut s'élever juſqu'à ce degré de perfection & de félicité ſuprême, ſa foibleſſe ne lui permet pas d'y réſiſter long-tems. On la verroit ſuccomber ſous le poids de tant de bonheur, comme on voit des gens mourir de joie. Les ſenſations modérées font néceſſairement l'état habituel de ceux même qui ſe livrent avec le plus d'emportement aux voluptés ſenſuelles. Mais la ſource du plaiſir, qui tarit bientôt pour l'homme voluptueux, ne tarit jamais pour l'homme vertueux & humain. Il ne manque jamais d'occaſions de deſirer, de partager, de chercher à procurer, à augmenter le bien-être & la proſpérité des ſes ſemblables, & de prendre part à leurs miſeres.

Le Comte. C'eſt-à-dire que le bonheur général & particulier dépend des vertus ſociales, & qu'il n'a pas de plus grand ennemi que l'égoïſme.

M. Gilot. Préciſément, Mylord. Voulez-vous que toute la nature, depuis long-tems morne & éteinte pour vous, change de face à vos yeux; qu'au lieu de la langueur & de la mélancolie dont vous vous plaignez, elle mette dans votre ame une joie conſtante; en un mot, que tout conſpire à vous rendre heureux? Ne ſongez qu'au bonheur des autres. Ceux qui s'occupent trop de leur ſanté, vivent miſérablement. Il en eſt de même de ceux qui s'occupent trop de leur bonheur. Il eſt le fruit de l'exercice de nos facultés morales, & ſe détruit par les ſoins exceſſifs qu'on prend de lui; comme la ſanté eſt généralement le fruit de l'exercice des facultés du corps, & s'affoiblit par les précautions ſuperſtitieuſes & les remedes indiſcrets qu'on prend pour la conſerver. Ne vivre, ne reſpirer que pour l'avantage de l'Humanité; n'avoir que des affections agréables à tout le monde ; produire, dans ceux qui sont à portée de nos bienfaits, des sentimens de joie, d'amour, d'estime & de reconnoissance ; n'écouter, n'éprouver que des mouvemens de justice, d'amitié, de bienveuillance, de compassion, de générosité ; c'est, Mylord, la vie heureuse par excellence, la seule qui soit digne d'envie, & qui pût faire souhaiter raisonnablement la condition des Princes & des Rois, s'ils savoient en profiter.

Bon gré, malgré, nous sommes liés à la société par l'intérêt que nous prenons aux affections des autres, & par celui que nous voulons qu'ils prennent aux nôtres. Y a-t-il un homme sur la terre qui puisse dire de sang-froid & avec vérité, qu'il ne se soucie de personne, & qu'il lui est égal que tout le monde soit parfaitement indifférent pour lui ? Ce langage illusoire n'est qu'une insulte gratuite au genre humain. Car, pour peu qu'on y fasse attention, l'on verra que l'histoire de notre vie n'eſt preſque que l'hiſtoire des impreſſions faites & reçues par la communication ou le choc des paſſions entre nous & nos ſemblables.

Entrez dans les ſentimens du miſanthrope le plus bourru, vous lui ferez plaiſir. Preuve évidente que ſon antipathie pour les hommes ne le rend pas inſenſible à l'impreſſion qu'il fait ſur vous. C'eſt votre ſympathie qu'il cherche, lorſqu'il s'adreſſe à vous pour évaporer ſa bile contre leurs vices & leur folie. Quand il ſe mêle avec eux, pour leur déclarer qu'il fait profeſſion de les haïr ou de les mépriſer, il leur rend, au fond, le même hommage qu'on voit rendre ſi ſouvent au beau ſexe par ceux qui ne ceſſent d'invectiver contre la légereté & l'inconſtance des femmes, & qui ne peuvent ſe paſſer d'elles. Qu'on y prenne garde, ce n'eſt pas la haîne proprement dite qui caractériſe le miſanthrope; c'eſt le reſſentiment & le dépit de n'être pas traité par les autres comme il voudroit; c'eſt le chagrin des contradictions que lui occaſionne perpétuellement la difficulté ou l'impoſſibilité de leur faire approuver & adopter ſes paſſions & ſes idées.

La communication ou le choc des paſſions étant donc inévitables & continuels dans la ſociété, peut-il y avoir un ſort plus deſirable que celui d'un homme qui n'a jamais qu'à s'applaudir des mouvemens qu'il excite ou doit exciter dans les autres, & de ceux que les autres excitent en lui ? Or, il ne tient qu'à nous, Mylord, que ce ſort ne ſoit le nôtre. Nous n'avons qu'à nous oublier nous-mêmes, & faire notre capital du bonheur d'autrui.

Encore une fois, je ne connois pas d'autre recette pour être vraiment heureux ; & ſi le ſage ſe ſuffit à lui-même, s'il ſe met au-deſſus des évènemens, il ne faut pas croire que c'eſt en ſe reſſerrant dans un bonheur ſolitaire & indépendant de la ſociété. Tout au contraire, ſa tranquillité, ſa fermeté ne peuvent avoir d'autre fondement que le témoignage que rien ne peut l'empêcher de ſe rendre à lui-même, d'avoir fait conſtamment un bon uſage de ſes facultés pour mériter la bienveuillance de Dieu & des hommes.

M. Gilot en étoit là, lorſqu'on vînt l'avertir qu'un de ſes amis, dangereuſement malade, ſouhaitoit de le voir. Il prit congé ſur le champ, & le Comte ſe retira dans ſon cabinet, pour méditer ſur ce qu'il venoit d'entendre. L'hiſtoire dit qu'il eſſaya de l'ordonnance de M. Gilot, & qu'il s'en trouva très-bien. Mais ce qui guérit l'un, rend l'autre plus malade. Tout dépend des diſpoſitions. La même converſation, qui aboutit à le délivrer de l'ennui qui le perſécutoit, l'eût fait bâiller quelques années auparavant; & pour une perſonne qu'elle intéreſſeroit, il y en a cent qu'elle ennuieroit à périr. Mais que ſur mille un ſeul en profite, & Dieu ſera loué.

F I N.

www.ingramcontent.com/pod-product-compliance
Ingram Content Group UK Ltd.
Pitfield, Milton Keynes, MK11 3LW, UK
UKHW022111260726
13993UKWH00001B/441

9 782329 450575